思想觀念的帶動者

文化現象的觀察者

本土經驗的整理者

生命故事的關懷者

教育小革命

大學生的十堂社會參與課

顧瑜君、林意雪 ⊙ 策劃
東華大學教學卓越中心社會參與教師社群 ⊙ 編著

【推薦序】

甜美的短歌，也可以作為革命主題曲

陳文玲｜X書院@政大創意實驗室總導師
教育部未來想像與創意人才培育計畫之「大學小革命」主持人

我的小革命，發生在2011年4月12號，台南後火車站，下午一點鐘左右。

早起南下，不是問題；府城太陽大，不是問題；一天要辦兩場創意工作坊，也不是問題；問題出在，那天下午，一點鐘左右，我站在一台出租機車前面，同行夥伴對我說：「老師，沒有別的辦法了，妳今天非騎機車不可。」而我上次騎車是在鵝鑾鼻附近空曠的省道台26線，約莫二十年前的事了。

接下來發生的，依稀記得有度小月、赤崁樓、白糖粿、安平樹屋、蝦捲蚵捲、藍晒圖、鱔魚炒麵、冬瓜茶、*Mosu Loft*、大東夜市、台南誠品……但回想起來，這些地景、物件都很模糊，記憶裡少數清晰的，是雙手冒汗、身體僵直、眼睛直視前方、頸椎明顯承受不住安全帽的重量，以及為了避免追撞前車或被後車追撞而在每個路口大量湧出的的腎上腺素。那天，我只有一個念頭，「我要活下去！」為此，我不得不保持清醒。

原來，醒著，就是我的小革命。

跟那天騎機車的經驗比對，坦白說，中年的我經常是睡著的——意思是，我的工作、我的關係與我的生活都已上手且算順手，已絕少遇見雙手冒汗與身體僵直的窘境，但是那個在台南市騎機車的春日午後，我領悟到，我可以選擇睡著過此生，但我更嚮往醒著吃飯、醒著走路、醒著教書、醒著研究，尤其在認識顧瑜君，並讀完許世璋、蔡建福、林福岳、賴昭文、劉志如、李維倫、李真文這群東華大學老師的故事之後，更彷彿結識了一群熱血機車友。

You go your way,

I'll go your way too.

這首〈甜美的短歌〉（*The Sweetest Little Song*）出自李歐・納柯恩（*Leonard Cohen*），雖然只有兩句，卻很適合作為這場默默進行中的大學教育小革命主題曲。謹以此詩獻給所有在前山或後山、本島或離島騎機車的大學老師，不管你我在哪個車站、哪座港口相遇，讓我們互相約定醒著騎車吧，知道教書可以再創新一點點、關係可以再自在一點點，而生活可以再如實一點點。

【源起】

在花東，展開一場大學小革命

顧瑜君（東華大學自然資源與環境學系教授）

身為教育者，我們必須行動，

而且在行動中，我們必須忠於自己的呼喚。

——范梅南（Max Van Manen）

東華大學是一所綜合型大學，從成立之初，就被國家賦予促進東部發展的使命。花東地區長期面臨城鄉差距、農村與部落青年外移、弱勢資源缺乏等多重問題，也讓東華大學必須不斷反身自問：身為一所偏鄉的大學，我們要承諾給到此地念書的大學生什麼樣的教育？而作為東華大學的教師，在我們投身的教育志業中，理想又是什麼？

我們心中的參考標的，是十九世紀中葉歐洲大學設立的「湯恩比館」（*Toynbee Hall*）。當時的牛津與劍橋大學鼓吹大學生利用假日在學校附近的貧民區住紮，就近研究如何改善當地生活條件，幫助貧民脫困。湯恩比館推動的是大學睦鄰（*settlement house*）的概念，睦鄰運動的發起者巴涅特（*Barnett*）希望：「讓大學生成為窮人的鄰居，分享他們的生活，思考窮人的問題，學習耐心、友誼、自我犧牲及運用自身的教育提供協助。如此一來，可以疏解階級對立的不幸與漠視。」

我們期待在台灣偏鄉的角落，找到實現「睦鄰精神」的可能性，且並不侷限於窮人，而是將社區當作學習的對象，把大學當成社會責任的實踐場所，以大學為基地，以鄰里地緣為基礎，讓師生們參與鄰近社區的改造工作、當地的各種運作並促進居民的生活改善。這應該是位處邊陲的花蓮在地大學理當抱持的願景。

當國家資源和政策關注的焦點，不斷集中於強調「競爭力」和各種「指標」時，台灣學術界不乏對高等教育發展感到憂心的學者，如中興大學文學院院長王明珂便尖銳指出台灣高等教育困境：「以彈性薪資為鞭，使大學教授們成為論文生產機器，而忽略了對教育及社會文化的關懷，逐漸地，數字取代價值，現實掩蓋理想。」

東吳大學前任校長劉源俊則高分貝指責：「大學的困境之一是『獎奴逐士』──學界充斥著計畫奴、論文奴、洋學奴。以公眾事（遑言天下事）為己任、弘毅而任重道遠的『士』不可多得，導致『有識者默，有能者藏』。」黃俊傑教授則認為：「大學正在自我異化，淪為知識的百貨公司、意識形態的生產工廠，或職業訓練中心。」

這類批判隨處可見，慷慨激昂之餘，身為高等教育／學術界的一份子，我們究竟能做什麼呢？我們相信，有許多方法與模式可以轉變高等教育的現況，但對於大學教育真正重要的關鍵價值和定位，到底是什麼？東華社會參與教師社群的老師們所想的很單純：做我們喜歡做、做得既開心又踏實的事情，將大學的學術績效轉化為地域性的實際成果，將SCI的社會性價值（*Social Contribution Index*）（註）慢慢落實、推展在學術殿堂之中。

自民國九十四年，教育部開始推動「教學卓越計畫」起，東華大學便有一群老師們聚在一起思考著，該如何定義「卓越」？我們是否能由功能取向的「追求卓越」，轉而走出一條美學的道路？卓越開辦之初，很多老師以服務學習或社區參訪為題，申請教學卓越的課程創新方案經費，但審查者擔心這類補助只是讓學生出去玩耍參觀、吃吃喝喝，無法產生實質學習成效，因此對於參訪交通等費用不鼓勵補助。

但根據我們的經驗，願意將戶外教學納入課程的老師們，往往得付出許多額外的時間精力來規劃和執行，想辦法讓「走出教室」的學習幫助學生們獲得在教室內無法取得的真實學習經驗，同時培養社會正義價值。這樣的目標與理念，促使教學卓越計畫以「社會參與」為核心概念，組織一群有熱誠且「不安於室」的老師們共同實踐，共同探究如何帶著學生走出教室，但不流於吃喝參訪，而老師們也從實際的行動中釐清參與社會與社區的價值與真意。

於是，九十六年十月，我們在教學卓越計畫下進行一個小型方案「社會參與式主題課程改進教師社群」（簡稱「社會參與」）。我們關注的重點是：大學教育的理想以及課程，究竟想引導學生們創造出什麼樣的意義？現在的大學生，能否在高等學府釐清生命的核心價值，並保持對社會的關懷與使命感？

我們選擇從「處於花蓮」的立足點出發，透過跨學院、跨科系教師社群的協力和實踐，串連共同的價值並追求創意與創新；我們不只希望產生在地知識（*local knowledge*），更希望各式各樣的在地知識可以彼此串連，「由一種在地知識照亮另一種在地知識」。美國西雅圖華盛頓大學、密西根大學、日本金澤大學等優秀大學的學校與課程發展都讓我們看見，其卓越性是從關懷與認識大學所在地開始，當在地知識相互照亮，便有可能進一步影響、改變周遭的世界。

社會參與計畫執行至今已有五年，期間一共有25位教師參與，橫跨四個學院，正式及非正式的課程累計有38門課，參與的學生更超過1520人；這些課程可大略分為弱勢照顧（如五味屋、南華認輔計畫）、協助社區建立特色（如浪遊計畫、認識博物館）、原住民部落協助（奇美部落、迦納納部落、風災心理復健）、挑戰學生自我成長（環境解說課程）和海外志工（柬到一個希望：柬埔寨服務計畫）等，不僅種類多元，而且課程設計十分豐富精彩，選修人數甚至常衝破上限，老師們只好擺起臉孔勸退僅因為好奇或覺得「可以出去玩」而選課的學生！

從這個過程我們深深感受到，現今的大學生並不草莓，只要我們願意賦予他們責任、鼓勵他們參與，往往可以讓他們在這個青春洋溢的階段，激發出屬於他們的理想性與熱情。大學教育要為國家社會培育的，不應只是在穩定社會分工秩序中自求溫飽的專才，更是能在面對秩序崩解時，有能力挺身而出、尋找出路，願意投入建立社會新秩序的知識份子情懷。

這本《教育小革命：大學生的十堂社會參與課》收錄了一群東華大學教師的思考與實踐足跡，謹將這十個小小的故事，獻給所有關心教育、關懷社區的讀者們，願書中故事化為激發創意的種子，灑向教育的花田，期待在台灣的各個角落，都能開出更多美麗的小革命花朵。

註：借用清華大學王俊秀教授於100年5月接受東華社會參與教師社群邀請，所進行之演講講題「What is SCI（Social Contribution Index）？」。

【目次】

目次

種一顆愛自然的種子在心裡

許世璋老師的環境教育課

採訪撰文◎黃曉芳

課程時間：學年度上、下學期

課程名稱：環境教育（師資培育選修課程）

任課教師：許世璋（自然資源與環境學系）

修課學生：20～45人不等

進行方式：議題分析、生命故事分享、環境劇場、戶外教學、高山自然體驗（兩天一夜）

「每週一晚上九點下課時，我總是有股想哭的衝動；等回到家時，又有股衝動想寫信給老師。這樣的衝動，來自於莫大的感動……」

「透過『環境教育』這門課，我的生命改變了，而且還被正面地鼓舞著。不論未來是否能加入教育工作的行列，我期許自己能成為一顆環境教育的種子，成為一個帶給他人溫暖、值得被信任的人；也砥礪自己不管從事何種工作，都要勇於對周遭需要幫助的人付出愛與關懷，讓彼此的生命因為這樣的交會而有所不同。」

「謝謝許世璋老師，因為有你才有這堂課，也由於有這堂課，我才能遇見這些單純可愛的人們。你讓我在沮喪的時候看到力量，讓我了解生命就該承擔愛與被愛，包容與付出……真的很謝謝你們，謝謝這堂課。」

每當學期結束，環境教育課的學習回饋表總是充滿熱血和感動，而且這還不是最「煽情」的，期末報告才精彩，每個學生都使盡渾身解數地，準備了動人的照片、影像、文字，再配上感性的音樂，非得讓台下的許世璋老師與同學們都紅了眼眶，才肯罷休。

「這一年來我們長大不少，對環境更有使命感。」

<我們在山林中學習，學習像山一樣地思考。

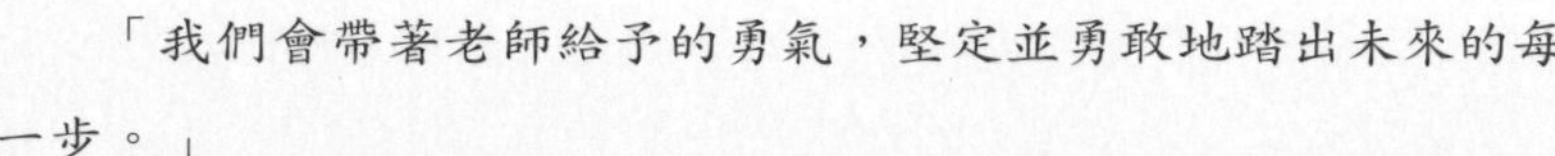

「我們會帶著老師給予的勇氣，堅定並勇敢地踏出未來的每一步。」

「很幸福，我們的故事才正要開始……」

學生們在充滿情感的期末報告中，紛紛許下承諾，尤其是即將畢業的學生們，更不斷地重複老師的叮嚀：「在別人的需要裡找到你的責任；在需要你的地方付出自己。」同時帶著這份自我期許，展翅飛出校園，尋找自己願意扎根的角落與土地。

到底，這門「環境教育」課程有什麼魔力，讓學生們如此熱愛？許世璋又用了什麼魔法，激發出學生們的夢想和熱情？

理性、情感、終極關懷，三面向的整體學習

其實，許世璋的魔法很簡單。在他的規劃中，「環境教育」課程為期一年，首先從「環境議題分析」切入，培養學生理性思辨的能力，接著舉辦戶外課程，透過大自然的美感經驗，讓學生們和環境、土地建立情感連結，與此同時，也邀請環保行動者前來分享生命故事，鼓勵學生對自身與未來抱持希望及願景。

「整個學習過程，包含了理性（mind）、情感（heart）與終極關懷（soul）三個面向。」許世璋認為這樣才算是一個整體性的學習，而他的教學願景很浪漫，正是放在課程大綱最下方角落的一小段話：

多麼希望——

台灣的山水，能永遠靈毓秀麗；

台灣的天空，能永遠揚著我們的夢想；

台灣的孩子，能擁有一塊值得驕傲與愛戀的土地……

環境議題分析，以震撼敲醒腦袋

學生們沒料到的是，第一階段的理性訓練，其實是場震撼教育。

最初兩個月的環境議題分析，以透過紀錄片、影像與閱讀的方式進行，學生們不斷看見台灣大地被汙染、山林被毀壞、土石流的無情、權力濫用與開發利益的真相。眾人宛若掉進一個大黑洞，了解的越多，越覺得憤怒、悲傷、沮喪與無力。

「前幾週，我們觀看環境破壞的影片。每次下課時我都很難過，因為自己根本無法阻止這一切，也不知道自己可以做什麼。這種感覺讓我很不想上課。」

「我非常沮喪。看到太多醜陋的事物，我的心呈現封閉狀態，對許多東西都漠不關心。」

「看見這麼多負面的東西，我覺得沒救了，也不必做什麼了，這不是光靠個人的力量就可以挽救的。」

「這些環境破壞和社會不義就在我的眼前發生，自己卻不敢也不曾挺身而出……我真的很焦慮。」

有位正在攻讀碩三的學生，對自己的心情有非常細膩的描述：

「修完環境教育上學期課程後的寒假，是讓我感到最挫折與痛楚的寒假。大約從國中畢業開始，由於升學的競爭、對自我產生的困惑與追尋，我行走著，但一路上只看見自己，而沒有看見腳下所踩踏的母土。當我因為環境教育課程而有所醒覺、有所思考並回顧童年所成長的土地時，我深刻感受到無以名狀的悲傷。

童年行走的路、恣意玩耍的鄉間、伴我成長的一花一草、鳥獸蟲鳴，都在住宅區的興建、工廠的林立下消失；以前與家人一同散步遊玩的田間路，也因為臨近交流道而瀰漫著汽車排放的沉重廢氣。這一切，幾乎無法恢復，真的讓我好傷心。

而家族所擁有的埤塘，即便生態豐富，但寒假時，不願意賣出的人也在龐大的家族宰制力量下，一個個蓋章、同意售出、同意讓這座埤塘被填平，變成一棟又一棟的房子。因為環境教育課程，我開始知道要關心土地、關心自然；然而也因為關心，讓我在面對社會醜陋面時感到痛心……」

東華學生徜徉在中央山脈的懷抱中，許多人重新認識這片自己從小生長的大地，提升了對台灣的認同與驕傲！

許世璋說，會出現這些負面情緒很正常，他自己年輕時也是這樣走過來的。「是，會沮喪、無助、憂慮，但我們不能迴避，不應該向學生說少用水、少用電、帶環保筷，就是環境教育的全部，這將誤導學生以錯誤的方式來處理環境問題。這個衝擊是學習過程的一部分，接下來就是怎麼面對這樣的情緒、怎麼找出更大的力量來支持你、怎麼找出更多的群體來共同解決問題。」

接下來的調查行動，分成許多小組的同學們針對當前的環境議題，例如蘇花高、台十一線海岸公路拓寬案、國光石化、大興村土石流、高山農業、七星潭開發案等等，收集正反雙方資料，再以公聽會、交叉辯論、角色扮演、價值澄清、戲劇或影像欣賞等各種活潑的方式呈現，藉此引導全班參與討論、決定自身的價值取向與立場，最後提出解決方案及行動策略。

「我們這一組以政府的立場來看高山農業，夾在農民、立委、環保團體等各種聲音的壓迫之下，很難有所作為並做出果斷的決策；而且在看到一些紀錄片和文獻後，又不禁開始同情高山農業的農民和榮民們。整個小組就在這種思維不停擺盪的情形下，始終無法有所定論。」

這種學習方式，讓學生們可以從不同的立場去「看」，有位同學這麼說：

「我不再像過去一樣，以義憤填膺的姿態強調環保的重要，因為學理上的說法很可能沒辦法貼近生命，更可能增加他人的反感。我開始試著了解與傾聽，對周遭的環境也比以前多了些敏銳度，不再直觀地下判斷，或是將擁有的一切視為理所當然。」

另一位學生則體認到，同時了解雙方的立場，尊重和悲憫才能從中而生。許世璋說，這是很重要的一課，當學生們知道議題背後的複雜性與牽連糾葛，視野才會從平面變得立體，但在選擇價值取向時，許世璋一再提醒：「悲憫要放對地方。」

「老師會把政府因環境破壞所花費的龐大金錢與社會成本，以淺明的方式向我們解釋，釐清錯綜複雜的利害關係，讓我們看清立委的運作與官商勾結的剝削方式，以及擁有看到更孤苦、更需幫助的人的視野。」

在高山仰看雲天，看見台灣的美麗

上學期的戶外課程，是兩天一夜的合歡山之旅。從高中時代就參加登山社的許世璋帶著同學們素樸行走，沿山而上，途經亞熱帶、溫帶、寒帶三個迥然不同的生態體系，除了觀察山林的環境問題，也讓學生們親身感受高山的雄偉壯麗。

許世璋說，很多學生已經念到研究所，卻不知道台灣是這麼

登上3421M的合歡東峰，融入壯闊的台灣山林中，我們與山嵐共舞，向南眺望遠方雲端上的玉山。

美麗的島嶼，對這片土地很陌生，「我們在合歡山聽風吹過山河大地的聲音，在那裡感受到美。有驕傲才有認同，才有責任感和承擔的願心。」將教室拉到大自然，學生們果然眼睛一亮，身心都被山林徹底洗滌。

「我去過加拿大和美國，那裡的風景真的很漂亮，但我就是沒有多大的感動。這次上合歡山，是我第一次去，站在小奇萊的山頂看著眼前如畫的景色，我的心突然很激動，很想哭。以前我接受的教育從沒讓我發現台灣是這麼美麗的國家，但合歡山之旅讓我對我們的土地產生尊重和情感，也激發我對守護台灣大地的責任感。」

另一位學生在下山兩個月後，仍舊充滿感動。

「上合歡山之前，不知道是因為室友的違規還是其他原因，在宿舍裡的我像吃了炸藥似的，有說不出的憤怒和不滿；而在課堂上，也因為環境議題的分組報告累積了一些情緒。對於這樣的自己，除了無能為力之外，我想不出誰可以拯救我。

然而上了合歡山後，我不由自主地被宇宙的奧妙與自然界自生自長的偉大所感動，滿心的喜悅與幸福在我內心湧動著。站在高山頂端看見起浪的雲海，還有穿越已活了數百、數千年的大樹時，我感覺到人類的渺小，也開始覺得人生沒有過不了的難關，更沒有所謂的『仇人』。那時，我真的有些明白『愛』是什麼，『愛』就是不自私、不占有的付出與分享吧！」

另一位學生描述上山如入夢鄉，給予他一股鎮定的力量：

「我被山擁抱，被土地支撐，被人群包圍，擁有自己。」

同時也發現了，多麼美好的內在淨土：

「我從一隻死去的蝴蝶身上看見衝撞生命而留下的美麗，從一株高大的神木身上看見那股堅毅的精神。在高山與溪流間，我發覺自己接收到許多無言的訊息，這些訊息有些來自同學，有些來自自己的內心。

回到學校後，一股強烈的、想追尋意義的想法湧上心頭，我突然想知道『活著，為了什麼？』我回想起在山上的自己，那時面對陰雨的氣候，我發現自己竟不再像過去一樣感到失望、沮喪，而是以接納與開放的心態面對，同時體會人在面對不可掌握的自然時，如何安頓自己的心。」

還有一位學生，在山林間看到了希望。

「原來台灣還有這麼漂亮的地方，一點都不輸歐美，更何況這兩天我們走過的區域，僅占台灣山區百分之一不到的面積，這讓我覺得不需要太沮喪，我們還是要對自己生活的環境懷抱著希

望與積極的態度。」

行動者的故事，激勵夢想與勇氣

人人都喜歡聽故事，所以，許世璋除了分享自己一路走來的思考歷程、帶領同學閱讀國內外的環保成功案例，也邀請花蓮在地的環保行動者來和學生們分享與討論。

「環境問題的複雜性，對於沒有能力採取行動的學生往往造成反效果，因此環境行動的故事範例，除了可以平衡負面情緒，更能提升學生的希望感、責任感和行動承諾。」許世璋說，他並非邀請「成功者」，而是邀請「實踐者」來分享夢想與追尋。

「這學期老師讓我們看書、看人、看環保團體、看台灣的土地，大大開拓了我的視野和想法。我看到阿寶的生活理念、陳玉峰的鋼鐵精神、李偉文的溫儒力量、永斌大哥的自我肯定、方芳姐的奉獻精神、阿貴的生活哲學；我們看見不同的生命軌跡，讓我們這群人裡，身在痛苦中的不覺得孤獨絕望，身在幸福中的懂得珍惜和感動。」

除此之外，許世璋更將生命故事與戶外教學結合，帶學生走進自然保護區、有機農場、國家公園及環保運動現場，大夥兒上梨山找女農阿寶，一起參與造林並接觸泥土大地，在陽光雨水的澆灌中、在滿天星辰的蒼穹下，傾聽阿寶如何實踐與大自然和平共存的理念。

「從三月底的馬太鞍濕地、大豐農園行，四月的花蓮北區自然人文之旅，到五月初的痛苦與希望之旅，在雨天的思源啞口、武陵農場，以及幫阿寶姐除草的過程中，我看到懷抱理想的永斌夫妻、美青夫婦、吳方芳女士、阿貴大哥、淑寶姐、茂耀大哥和阿寶姐，他們付出的熱情，其實根源於對土地的愛，而他們在不同角落，以理想和信念彰顯生命的意義。」

另一個學生說：

「這真是一門和我想像中大不相同的課，本以為只會上一些生態議題討論和如何做好環保之類的教學，但我們的上課內容不只包涵知識層面，更深入內心層面，探討如何激發愛土地、愛人的胸懷，進而付諸行動。不同生命故事的分享，讓我的心受到深刻的衝擊，進而開始反思自己的價值觀、教育理念和生命的意義。

永斌大哥，一位對自己的工作感到無比驕傲的木匠，他幽默地分享馬太鞍濕地和自己家庭的心酸血淚。雖然不是原住民，他卻把阿美族文化述說得有聲有色，還說到自然是沒有工法的，生態工法也是多餘，因為萬物的規律早已存在，所以，不要做工程

在梨山的高山農業濫墾區，我們在梨山阿寶棄耕返林的果園中，種下屬於台灣中海拔的原生樹種，也種下一片希望。

在花東縱谷的馬太鞍濕地，荒野保護協會的解說志工訴說著濕地的珍貴生態價值。

就是最好的工程。

廖惠慶老師從一位喜愛鋼琴的家庭主婦，轉而成為替花蓮發聲的先驅。她提到有一次，政府官員邀請他們做十分鐘演講，她先生為此非常生氣，認為十分鐘根本解說不了什麼，但她卻認為十分鐘已經非常寶貴，這讓我感覺到她是一位很樂觀的人。有同學問她，有沒有害怕過？她說，當事情很大或很嚴重時，內心那股強烈的、想做什麼的驅力會勝過那些害怕。我當下聽了真的很感動。

之後，我上網看廖老師的文章，看見她節錄了一段話：『生命是黑暗的，除非有熱望；熱望是盲目的，除非有知識；知識是無用的，除非有工作：工作是虛空的，除非有愛！』沒錯，我在廖老師身上看到了那份對土地完全的愛。」

人的故事，蘊含著最鼓舞人心的力量。年輕學子尚未踏出社會，心中往往充滿了自我懷疑與困惑，而這些熱情奉獻的人物，對學生們是很大激勵：

「他們是和我一樣平凡的人，卻有如此大的勇氣與行動；看到這些有理想的人，讓我覺得台灣還是很有希望的。」

「我體認到即使只有一個人的力量，也不能小看！一個人只要肯努力，他執著去做的事一定會有所改變……這觀念給我很大的力量。」

「以前我對環保團體沒什麼感覺，但是聽完他們的演講後，我現在覺得環保團體很重要。以前我覺得環境運動是沒希望的，現在覺得，有做就有力量。」

「過去我活在追求自我、升學、賺錢的主流價值觀中，這些生命故事讓我反省，自己的生命與生活究竟為何而存在？我對其他人與社會的貢獻又是什麼？這都是生命深層的課題。」

還有學生將課堂上的所學，運用在生活中：

「老師說，『人人都有責任』與『我有責任』的意義是不同的。當我們處在批判、辯論、否定的當下時，的確可以看見問題的根源、看見許多人的過錯，但是，我們卻看不見自己。

這學期搬進新宿舍後，公共區域的髒亂讓我無法忍受，對於大家自掃門前雪的心態也很不滿。類似的經驗在碩一也曾有過，當時的我只會在心裡抱怨，但沒有試著去改變。然而許老師說，環保團體是徹底的和平主義者，於是我開始思考，如果我期待有個乾淨舒適的環境，卻又無法改變別人的生活習慣，有沒有可能由我透過一股溫和的力量，創造我心目中理想的宿舍生活呢？

於是，我利用課餘的時間，一個人將累積多年的雜物與垃圾清理乾淨、用力地刷洗陽台和洗衣間，也清洗了室友堆放在洗手

東華學生在校園與花蓮市區發動連署，搶救差點被財團蓋觀光飯店的美麗七星潭海灘。

槽的骯髒碗盤。在這個過程中，最大的收穫是當公共區域打掃乾淨時，我內心幽微的憎惡與埋怨竟也一併清洗殆盡，同時多了一份靜定和寬容。此外，讓改變由自己開始的做法，也間接影響了室友對公共區域的態度，現在宿舍內的氛圍已有所轉變，我確實感受到了。」

這些修教育學程的學生，畢業後很可能成為中小學教師。在學期末的最後一堂課，許世璋模仿孔夫子，要學生們「盍各言爾志」？學生們經過一整年的學習與反思，越來越清楚自己的方向。

「我的夢想是當一名國中老師。那天聽到許老師自己的故事，讓我想了很多關於當老師的價值，我想要用我的生命陪伴每一個孩子，讓他們在大自然的洗禮中能夠不迷失。很多人問我，國中生那麼難教，幹麼要自討苦吃？但是在這學期，我終於可以理直氣壯地回答他們：『我想陪伴他們一起度過狂飆期。』我想這是我未來的任務，而環境教育將是我未來教學的基本素材之一。」

有一個學生想起多年前「要到偏遠地方教書」的志向：

「在課堂上受到感動與啟發的我，期待有這麼一天，我的學生會因為記起課堂上的某一首詩，會因為路旁一朵綻放的花而感動。我想，當他們閱讀文學、體驗自然的時候，就是經歷了一場又一場讓自己生命更加茁壯、豐美的練習。」

另一位學生已在國小擔任課輔老師，經常對孩子的求學態度感到挫折，覺得自己再怎麼努力都沒有用：

「我對台灣教育的黑暗感到無力，覺得做再多都於事無補，不如現在就放棄和忽視這一切。那沉重的力量重重地壓在我身上，但想到陳在惠牧師創立飛炫屋、和黑道在街頭搶迷失的青少年，想到自己修習教育學程的理想，想到聖經說『信心沒有行為是死的』……當我只專注黑暗有多大時，其實忽略了許多為教育默默付出的人，他們相信自己的加入可以持續讓光慢慢擴大。……那晚聽完老師的分享，我似乎又能走出挫折。我期望自己能達成現階段的夢想，當一位有愛和智慧的老師，貢獻自己。」

還有一位學生，原本對前途感到茫然，如今卻不再憂懼：

「考上教育學程那一年，『流浪教師』一詞開始沸沸揚揚，我覺得自己時運不濟，註定在茫茫『師』海中流浪再流浪。

在修環境教育這堂課之前，我一直不敢想像如果不當老師，我能做什麼？這一年來，我看到許多發光發熱的生命，他們是那麼平凡、那麼渺小，可是他們所做的事情、所改變的一切，卻是

在3421M的合歡東峰，擁抱藍天白雲的東華學生，驕傲於擁有如此壯麗的故鄉山水。

那麼的艱難、那麼的偉大。

假若我終究得面對現實的殘忍與競逐，我渴望有一個堅強的『我』，靜靜地滋養我的靈魂，讓我不輕易受傷、不輕易絕望。我也期許在東華這三年所感受到的震撼、感動與幸福，能成為足夠的力量灌溉現在的我和未來的我，讓我不去想像自己將成為做什麼職業的人，而是想著要成為具有怎樣胸襟和態度的人，並且活出生命的意義、為理想獻身。」

這不就是教育的力量嗎？一個大學教授帶著一群接受師資培訓的學生，將美好的種子灑在學生的心田裡，而這些學生再到中小學裡，和孩子們以生命觸碰，如同一位學生說的：

「您已在我們心裡播下樹苗；不知何日，環保的意識將會粗如枝幹；不知何年，所結的球果，又會蹦離母樹，開拓更大片的公義疆界。」

但未來的路還很長，有許多的挫折與美好將在前方等待著他們。為期一年的課程結束了，許世璋在期末寄給每位學生一封名為「期末祝福——縱谷裡的候鳥之歌」的信，送上深情的叮嚀與祝福：

縱谷裡的候鳥之歌

我太太與我常笑著說，學生們像一群群追尋著夢想，在花東縱谷來來去去的候鳥；而我們家，就像一處林蔭環繞、水草豐美的隱密池塘。歡迎以後你們常回到這溫暖的池塘，盡情躺臥在青草地上，安歇在水湄，汲取再出發的能量……

願我們都不會迷失在世俗的混亂價值中，並都能找到一群深愛的人、一塊熱愛的土地、一個屬於你的呼召，以及一個能賜給我們希望與愛的美好信仰，讓我們永遠為實踐美好的生命信念而奮戰！

深深為你們祝福！

【一起來上課】

來看看「環境教育」的課程設計

〔上學期〕

課程安排一：由老師主導之環境議題分析、由學生主導之環境議題分析

主要內容：1.台灣環境問題現況（台灣自然資源開拓史、台灣環境議題深度分析實例、民主社會的公共決策與公民義務、環境行動的範疇）

2.學生分組報告所各自選擇的東部環境議題，內容包括清晰描述所選定的環境議題；分析造成爭議的原因，呈現各相關團體不同的信念與價值；分析各種可能的結果；決定本身的立場並解釋其背後原因。

課程安排二：台灣之美與故鄉之愛、兩天一夜的國家公園荒野教育

主要內容：1.台灣自然生態之美

2.土地倫理與故鄉之愛

3.合歡山戶外教學（山林議題實勘；山林自然體驗；山旅艱困環境中的小組合作與扶持；遊憩衝擊與負責任的遊客行為）

課程安排三：環境行動者的生命故事

主要內容：三位環境行動者親身訴說的生命故事分享

〔下學期〕

課程安排一：環境劇場——探環境行動者的心靈

課 程 內 容 ：1.探索環境行動者的心靈、其保護環境的行動策略與思想內涵，並以環境劇場的方式呈現
2.台灣環境行動成功案例分享

課程安排二：環境行動者的實踐——愛與希望

課 程 內 容 ：環境行動者的實踐（馬太鞍木匠夫婦的濕地復育、蝴蝶農場夫婦的生態造村、與山林和平共存的梨山寶蓮園）

【實用小百科】

有興趣可以找來看的參考書目

《女農討山誌》阿寶，張老師文化，2004年
《戰慄土石流》林照真，余紀忠文教基金會，2002年
《你每天都在改變世界》李偉文，正中書局，2003年
《自然印象與教育哲思》陳玉峰，前衛，2000年
《漂流監獄》廖鴻基，晨星，1998年
《台灣生態史話十五獎》陳玉峰，前衛，1997年
《環境台灣》天下雜誌出版，1996年
《地上歲月》陳列，聯合文學，1994年
《傾聽自然》約瑟夫·科內爾，張老師文化，1994年
《與子偕行》楊南郡，晨星，1993年
《後山探險》劉克襄，自立晚報出版，1992年
《尋找台灣生命力》小野，天下文化，1990年

海岸行止 縱谷浪遊

蔡建福老師的鄉村規劃課

採訪撰文◎黃曉芳

課程時間：學年度下學期

課程名稱：鄉村規劃（碩士班選修課程）

任課教師：蔡建福（自然資源與環境學系）

修課學生：12～16人（行走部分開放報名）

進行方式：2004年起開始「花東浪遊」，路線每年不同，相同的是關懷社區的主軸

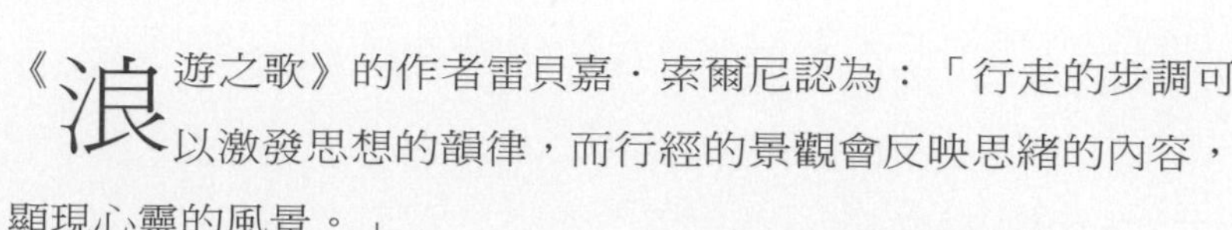

《浪遊之歌》的作者雷貝嘉．索爾尼認為：「行走的步調可以激發思想的韻律，而行經的景觀會反映思緒的內容，顯現心靈的風景。」

十八世紀的法國思想家盧梭也曾說過：「我只有在走路時才能夠思考。一旦停下腳步，我便停止思考；我的心靈只跟隨兩腿運思。」

再過幾天就是農民曆上標註著大寒的日子，大寒將至，暗示著離立春也已不遠。2004年的春節前夕，我們選擇佈滿油菜花田的花東縱谷來欣賞自己的「心靈風景」。

縱谷的美，難以用言語傳達，縱谷的美，難以透過車窗體會，為了感受光的變化，感受水的流動，為了體會空氣的溫度，呼吸土地的芬芳，為了練習與環境對話，重新審視自我的存在，為了尋找老農夫與我們片刻間駐足相望的溫潤眼神，為了聆聽農莊不埕嬉戲的孩童傳來的輕盈笑語，我們選擇用雙腳……浪遊縱谷！

自從2004年起，每年農曆大寒前夕，蔡建福老師總會帶領一群大學生，以徒步行走的簡樸方式，在花東縱谷和海岸間展開四天三夜的浪遊。

參加浪遊的人數每年都持續增加，到了2009年的第五屆浪

<在油菜花開花的時節，走在田埂之間可感受到不同的農田之美。

遊，西部清華大學的一群師生也熱情加入了。1月17日，中午時分，一行四十餘人浩浩蕩蕩地搭車來到花蓮最南端的港口部落，這是去年浪遊的終點，也是今年行走的起點。港口的Ina（媽媽）們為大夥兒準備豐富的風味餐，有鬼頭刀湯、野菜食蔬、莿莧、昭和草、龍葵、鹹豬肉和魷魚等，席開五桌，午餐後Ina們還跳起阿美族的樂舞，邊唱邊跳，為大家祈福。

低碳、低食物里程、低廢棄物的環保實踐

今年的行程將從長虹橋出發，徒步沿著美麗的海岸線往南，一路走過台東的真柄、膽曼、都歷三個部落，到東河鄉結束，全程大約八十公里。

「一月十七日到二十日的走路活動，希望訴求三個環保主題：最低的二氧化碳排放、最少的廢棄物、最短的食物里程。請自備睡袋、碗筷，帶著簡單的行囊與我們一起出發，歡迎喜歡走路、欣賞東部壯闊山水、移民地景與原民文化的夥伴們一起加入！」蔡建福的邀請函這樣寫著。

除了環保實踐之外，浪遊活動最重要的主軸是社區關懷，不是當個匆匆的過客，而是用雙腳走進各個鄉村社區，與居民真誠互動。

吃過豐盛的午餐後，一行人沿著美麗的海岸線啟程，走了十六公里、四個半小時，在天黑之際抵達第一站：台11線83K附近的真柄部落。

這門「鄉村規劃」課程，有個重要的功課，就是思考台灣鄉村的未來。用過晚餐，大夥兒聚在青年會所烤火，舉行「農村再生條例」討論會，有特別從北部來的老師，分享在立法院的溝通經驗，此外去年浪遊參訪社區的老朋友們也來了，大家熱烈交流、激盪，共同關心台灣土地的命脈，最後以香噴噴的燒酒雞，結束豐富的第一天。

隔天一早六點不到，青年會所裡傳來窸窣的聲響，許多人陸續起床看日出。當太陽升起，照耀著眼前一大片的水田時，大家都看呆了。

「大家忍不住驚呼，好美啊！站在山谷回頭看部落與一層層的稻田，襯著湛藍的太平洋，任何文字都不足以形容。

位在國境之東的真柄，距離花蓮市與台東市都需要兩小時的車程，往西就碰到海岸山脈，向東是太平洋。在現代化發展的席捲過程中，真柄因為距離而放慢了腳步，也因此留下一點點傳統的東西。」

真柄部落的靈魂人物 Lekal，是個黝黑帥氣的阿美族男子，

>在鄉間，處處可利用，看似不起眼的路旁圍欄，也是曬鹹菜的地方。

∨在浪遊的過程中，可以看到不同的農家生活，農人們正在處理剛曬好的稻穀。

浪遊，是走出來的路，除了順著路上的肌理而走，更反應了人與土地的關係。

他帶著大家緩緩漫步社區，從最早期的居住地開始走，一邊介紹祖先的遷移路線、阿美族的傳說、與鄰近部落的關係等。眾人沿著日治時期興建的水圳，摸著只有一邊的鐵欄杆，戰戰兢兢地走在大水管上過河，再沿著田埂走路，不得不佩服部落男子的矯健身手。

繞了部落一圈，Lekal感嘆地說，年輕人都到外地工作了，賺錢回來就買汽車、蓋樓房，把原生的姑婆芋、欖仁樹鏟除，鋪上草皮，築起圍牆，以為這樣很進步。其實，水泥房子冬冷夏熱、刮風時的響聲讓人整夜無法入眠，反倒是傳統茅草屋與大樹涼亭，才更舒適而有智慧呢！

「Lekal說他最喜歡坐在茅草屋前看著海，從下午坐到天色昏暗，看著白天的部落、稻田與海，隨著陽光不斷變換，讓部落呈現出一百種風貌！尚未插秧時，一面面映著藍天的水田，真柄是藍白色的；秧苗成長後，是翠綠色；稻米成熟時，是金黃色。他最喜歡細細品味這四季的變換，而他最擔心的是，部落的人以為自己在追求進步，實際上卻失去了僅存的珍貴東西。」

真柄部落海邊的茅草屋頂。

不僅如此，傳統的年齡階級也被現代的「社區發展協會」摧毀，原本屬於部落的文化約制力、分工與權利義務、緊密的社群關係不斷被瓦解，「當活動中心前的鋼筋棚架建起來後，部落聚會時一同拉黑網子的團體行動儀式消失了，年齡階層也一併消失。」

傳統文化的流失，是許多部落共同面對的問題，Lekal 站在他重新修復的茅草家屋裡談到很多點子，希望藉由特色觀光、書寫部落故事、製作歌舞劇等，揚頌部落文化，喚起居民對自身文化資產的重視，了解自己的根屬。

走路，跟自己的心靈風景對話

中午過後，大夥兒繼續往南，一路吹著海風，讓海浪聲伴隨著腳步。這趟走路之旅是鬆散而自在的，每個人都可以用自己的方式行走。有人沉默地獨自行動，與內在的心靈風景對話；有人沿路和陌生人打招呼，交換友善的問候；有人一路觀察消波塊，批判著自然海岸所遭受的破壞；也有人放空自己，讓步伐、呼吸和心跳的節奏律動合而為一。

走過長濱，膽曼就在前方。膽曼部落瀕臨太平洋，沿岸有著美麗的自然景觀「麒麟礁」，盛產潮間帶植物，附近還有兩處深

這趟走路之旅是鬆散而自在的，每個人都可以用自己的方式行走。

中午在田邊吃著部落媽媽準備的竹筒飯。

部落的青年誠摯地訴說東海岸阿美族傳說故事，讓這些特殊地景有了豐富的人文色彩。

∧走累了便在樹下休息。

∨梅子樹開花之時，正是山間蜜蜂活動力旺盛之際，美麗的景中有著豐富的生命力。

溝，魚產豐富，是釣魚者的天堂。大家還沒抵達部落，就先走到海灘上，讓疲憊的雙腳親近浪花，一面欣賞海邊竹筏的美景。

部落裡的媽媽、阿婆們圍坐著編織作品，一面照顧孫子，一面用原住民語熱情地和大家打招呼，孩子們則興奮又好奇地看著客人們。這兒的丘陵與台地土質肥沃，孕育豐收的農作物，大家吃過晚餐後，聚在依山傍海的集會所，看星星、聽浪濤、分享走路的心得，度過充滿部落風情的美好夜晚。

隔天早上，吃完早餐出發前，大家照例計算團隊的垃圾生產量、進行垃圾分類，然後在社區理事長的導覽下，參觀部落茅草屋，傾聽社區營造的經驗。接著，大家繼續啟程。

「經過石雨傘時，大家看到一大片綠油油的草地，高興地席地而坐、野餐、拍照、小睡，享受片刻的安寧。背後有山，前面有海，這樣的美景好像作夢一樣，是一種難以用言語表達的感動。

沿著海邊行走，我們讚嘆美麗的東海岸，也為沿岸消波塊的礙眼與破壞景觀感到難過。謝謝Lekal大哥捨命陪我們這群觀光客，除了幫忙載送身體虛弱的學員，還騎著腳踏車幫忙查看脫離隊伍的隊員狀況如何。Lekal大哥和隨隊的陳老師幫我們上了一堂東海岸的地質學，並結合阿美族傳說故事，讓這些特殊地景加上一層神秘的面紗。

Lekal大哥鼓勵我們走進三仙台旁的白守蓮社區，並帶我們走上生態步道，避開了海岸公路上的汽車與沙塵；而我們也在新港漁港看到漁市的叫賣，大家眼睛為之一亮，從沒看過這麼多比自己還要大的魚在眼前，加上叫賣的過程，眾人直呼過癮。但也有團員原本計畫要吃生魚片，看到漁市場的血腥畫面，反而打消了念頭。」

抵達都歷時，天色已晚，部落的Ina們為大家準備沒有酒的薑母鴨、潮間帶植物、豐富的貝類，照顧旅人們飢腸轆轆的胃，還教大家做阿美族的飯包「阿里鳳鳳」，也就是用月桃葉包糯米，非常好吃。

「都歷部落位於台11線約125K處，屬於台東縣成功鎮，都歷（Torik）在阿美族語中是『將東西綁好固定』與『編織』的意思，最常使用到的素材則是月桃葉，可以編製成提袋、玫瑰裝飾、阿里鳳鳳的容器等。在集會所的牆面，掛著一幅很大的月桃葉蓆，令人不禁驚呼，這要花多少時間和人力才能完成啊！

吃早餐時，熱情的筱帆姐告訴我們，阿美族是很勤勞的民族，婦女們晚上會一起到溪流中採集溪蝦，作為隔日的早餐。早餐是很重要的大餐，若出現龍蝦也不需要太驚訝，吃得飽飽，是一天辛勤工作最需要的。豐年祭時，部落的年輕人也會在晚上出動採集，隔日一早準備好大餐，請老人家們來享用。

筱帆姐是都歷部落推動社區發展的重要推手，她曾在台北生活二十年，五年多前毅然回鄉，決定為部落注入新的活力。為我們準備薑母鴨的波大姐，以前在台中賣薑母鴨，因為筱帆姐的邀約而回到部落，特製的湯頭再加上當地盛產的野菜，成了部落的特色料理。部落的收入較不穩定，但波大姐卻展現回到家鄉的那份自在，阿美族婦女的堅持與毅力，在她們身上我們如實地看到了。

都歷部落近年來致力於月桃編織的各種創作品，也規劃出當地的特色旅遊，如鄰近的小馬龍洞、小馬隧道、水圳、生命之溪及都歷神社等景點，並和其他部落串連，發展出一條海岸漫走的樂活路線。這幾年單車環島的風氣興盛，常有單車旅人投宿於部落，並參加生態旅遊行程，他們扛著單車行走在水圳上的身影，成為部落中的有趣畫面。

社區發展工作這條路很辛苦，但在都歷部落，我們特別感受到一種旺盛的生命力。隔天剛好有踩街活動，一早許多族人已先去採集素材，例如海金莎裝飾的推車、藺草編製的草裙等。吃完早餐後，Ina拿出用竹子做成的高蹺給我們練習，大家踴躍地試

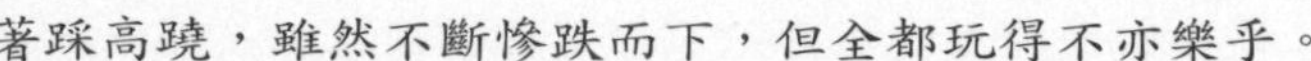

著踩高蹺，雖然不斷慘跌而下，但全都玩得不亦樂乎。

筱帆姐、Faki和Ina們帶我們走訪部落的各個景點，走過海邊的七拉巴山、日本神社遺跡、向日葵花海盛開的休耕地，還穿過小馬隧道往泰源部落走去。前往龍洞的路上，大家搶著乘坐有三十多年歷史的鐵牛車，這原本是Ina們的交通工具，Ina只好跟我們交換坐上遊覽車。小馬龍洞旁的茅草屋裡擠滿了老老少少，聽Faki說龍洞的故事，重點不是故事本身，而是Faki的肢體語言十分生動，大家的表情好像小學生，專注地看著老師。另外，Ina還哼唱阿美族的歌給我們聽，Ina們的樂舞生命力感染了一群在都市長大的孩子，大家的生命在此互相激盪，許多夥伴也多了個阿美族的名字。」

快樂又豐富的四天浪遊，在東河包子店圓滿結束。回程時，大夥兒坐在遊覽車上，依依不捨地分享與回味這趟旅程的豐富感受，而蔡建福則含笑詢問首次參加的清華師生們，是否已經學會了走路？他們異口同聲地說：「學會了！

鄉村，是心靈的故鄉，要用心守護

為什麼要帶學生走路？從建築領域轉入環境學院，帶著哲學眼光省思一切的蔡建福說，行走，是以更緩慢的速度認識這座島

早晨，和部落朋友一起唱著阿美族傳統歌謠，舒展筋骨，準備開始一日的徒步旅行。

與豐南媽媽互動。

都歷部落媽媽們唱歌謠。

嶼，以更珍視的眼光看待大地的豐饒。「走路這件事，在現代社會中被太多人遺忘了，它不是僅著眼於起點與終點的抵達邏輯，而是一種過程的哲學，過程中所引發的觸動心靈的感動與反省，會讓我們的心更加柔軟，也更加堅定。」

除了浪漫的感性，蔡建福也要求同學們做功課，分組研究英國、德國、日本、印度、大陸的鄉村情況，並收集歐洲鄉村保護運動的成功範例，以他山之石，開展思考的視野。

「鄉村，是英國人的心靈故鄉，但台灣呢？我們的心靈故鄉在哪兒？

瀏覽著英國鄉村的法令（Countryside Code），不禁深深感覺到英國人為維護鄉村盡心盡力，不僅是法規的設計、不僅是當地居民，全國人民對於鄉村的重視及愛護的實踐行動，只要瀏覽任何一個相關網站，就可以感受得到。

然而在台灣，我們不斷地要求進行都市發展，任何事物都被BOT參了一腳，山要BOT、海要BOT；我們不斷地開發，以水泥不斷建設，但除了表面的繁榮外，實質上可以讓人打從心底快樂嗎？」

「科茲窩（Cotswolds）是英格蘭與威爾斯四十個自然美景（AONB）之一，與國家公園具有相同地位，它的面積大約有

2038平方公里，是英國第二大風景保護區。

科茲窩已成為全世界熟知及喜愛的旅遊地，在那裡可以看到廣闊的天空、連綿的草原、山毛櫸樹林、古老風格村莊、原生植物等，以及石灰岩草原與耕地交錯、具有歷史性的堡壘矗立於工藝莊園和石頭小屋旁、宛若長城般蜿蜒的傳統石砌牆建築，豐富的自然與人文景致使科茲窩成為一個傑出的英國鄉村景觀，吸引旅客流連忘返。

英國政府和人民組織在經營維護這些AONB時，非常鼓勵大家下車走路，該處有超過三千英里的公共步道供旅客使用，而這種悠閒走路的旅遊方式每年吸引了3800萬人次的遊客，創造每年一億三千萬英鎊的經濟收益。

英國人除了透過法律政策保護鄉村，也十分注重對旅客的教育，相關網站上都有詳細的資訊，說明這個地方的歷史、特色、地圖、風土民情、旅遊方式、組織與活動，讓人能一目瞭然地透過網站找出適合自己行走的步道，此外還有叮嚀及注意事項，教導遊客如何更融入當地，尊重當地居民而不破壞生態，甚至還用卡通的方式對孩子們進行宣導。這些步道，主要是由志工及各種組織如國民信託、地方議會與野生動植物信託基金一同運作的。

想想台灣的鄉村，那些傳統三合院、四合院，隨風搖曳的稻

港口的水梯田。

膽曼部落。

穗和稻米香，孩童在田埂中追逐遊戲，巷口充滿人情味的雜貨店，老人家在庭院和大樹下泡茶聊天……這些農村景致慢慢地離我們越來越遠，傳統的文化與產業不斷被高樓大廈、快速道路的車流、灰濛濛的工業廢氣取代。如果我們現在不正視這個問題，或許十年、二十年後的台灣全島，將只剩下一種水泥化的單調都市景象。如果我們能找出鄉村的獨特性加以發展，創造地方產業，誰說傳統鄉村景致不能永續存在？」

「對英國人而言，『鄉村』是珍貴的心靈故鄉。英國鄉村保存了廣闊的自然美景，山丘、谷地、森林與流水形成豐富多樣的風貌，也是國家最珍貴的寶藏。為了將美麗的鄉村存留給下一個世代，英國政府在1949年立法，正式通過《國家公園和鄉村土地使用法案》（The National Parks and Access to the Countryside）。

從AONB的發展目標中我們可以看到，在保存自然美景的同時，還應保障地方社區在農業、林業、其他農村產業和經濟社會的需要。他們不急著在這些美好地區添加新的設施，而是付出心力保護與維護原有地景，讓古老的石灰砌牆、農村生活節奏繼續存在，並引以為傲！

回頭看看我們，台灣東部是個非常美麗的地方，不論壯闊的海岸線或是稻浪搖擺的縱谷，總是讓人目不轉睛，而且不僅是造物主所創造的自然地景，土地所孕育的人文歷史也是這美好的一部分；然而政府卻不斷沿著海岸線，蓋起一座又一座涼亭、在海邊丟滿消波塊、拓寬公路讓車輛疾駛呼嘯而過。對於大自然的美，我們這一代可以做些什麼？如何讓美麗的景觀繼續傳遞給下一代？如何讓奄奄一息的鄉村重新喚起澎湃的生命力？這真的值得我們仔細思量。」

透過浪遊的行走體驗，蔡建福將這些關於環境的思考，交回每位同學的心中；而行走所帶來的感動也不斷擴散著。隔年，2010年1月16日，清華大學師生們及千里步道的朋友們再度加入，讓第六屆浪遊人數高達八十多人。

為了考量社區與部落的接待能量，蔡建福用心規劃，將大家分成南北兩路：南路從去年的終點站台東東河出發，越過海岸山脈往北；北路從花蓮的豐濱出發，越過海岸山脈往南，兩隊人馬最後在花蓮玉里會合。不論往南走或往北走，同樣豐富精采：

*　　*　　*

南路浪遊路線的第一站是豐南，位在花蓮最南端，鱉溪沁涼的溪水切斷海岸山脈，在這裡產生一處幽深的峽谷地形，有『小天祥』之稱。豐南是台灣最早進行社區總體營造的地方之一，阿美族原住民和閩漢移民相處和樂，合作無間；社區理事長王晉英先生經營一家雜貨店，雖然外觀平凡無奇，但櫃台後方牆上有一面寫滿名字、日期、金額的白板，讓人會心一笑，原來這是一間可以賒帳的雜貨店啊！

石厝溝部落在鱉溪的上游支流，阿美族居民們最近開闢了一條沿溪的自然步道，有些階梯和扶手竟然仍在發芽成長，因為他們就地取材，以樹幹為材料；沿著河谷步道前進，如房間般巨大的麥飯石成群矗立在溪谷中央，讓這個隱匿在海岸山脈間的山谷溪流呈現難得一見的壯麗景致。石厝溝的梯田與沿著山壁興築的水圳系統，是先民血汗智慧的結晶，這個特殊地景已被推薦為台灣的文化景觀。

踏著起伏的丘陵繼續往前，來到以有機農業聞名的羅山村。羅山在幾年前接受花蓮區農業改良場的輔導，成功地將依賴化肥、藥劑的慣行農法轉為對土地友善的有機農法，成為全國有機耕作的模範。我們將造訪這個有機村的運作過程，品嘗健康的米糧蔬果，和以有機黃豆與泥火山滷水所調配蒸煮的火山豆腐。讓我們為這群辛苦而卓越的二十一世紀農民致上最高敬意！

沿著花東縱谷往北走，行過舊鐵路所改建的單車道，我們來到玉里鎮北邊的大禹社區。玉里的精神疾病照護產業源自於地理上的邊緣特性，署立玉里醫院有430多位醫務人員，照顧著近

大禹採菸葉。

2600名病人，加上榮民醫院的病友，這個地區共有近五千位病患在此接受療癒。

東華大學環境政策研究所的團隊，在今年的生態社區輔導計畫中引進中藥草的療癒概念，期待建構一個以療癒為本質的療癒社區。療癒社區的概念是建構一個穩定的守望相助群體，關係緊密、相互扶持，具備同理心，可以隨時迎接災難變故。

大禹社區裡有許多草藥專家，例如藥草王阿枝伯的木造房舍旁，種滿了各種可以用於身心療癒的藥草，鄰居們也在潛移默化中對草藥有所涉獵。在社區輔導這段時間，我們邀請著名的吳神父來此傳授腳底按摩，共頒發了二十二張證書；東華大學民族藝術研究所的陳淑燕老師也過來推動工藝治療，花蓮縣藥用植物協會陳長宏理事長則提供藥草與療程的研習，此外還有規劃中的園藝治療、音樂治療與寵物治療等，期待這個台灣最偏遠、邊陲的村子，可以翻轉成為現代人最渴求的療癒社區。

投入精神療癒產業需要高度同理心，村民質樸的個性剛好呼應這項特質。農民們對於田間耕作、養殖、畜牧、工藝等技術，原本就具備了一定能力，加上社區的胡琴班、子弟班、花鼓班等音樂社團，要學習另類療法並不困難，而家庭主婦們更是學習看護、餐飲及管理的現成人才；若能結合附近醫院展開各種培訓，村民們不但可以得到成長、增加技能和收入，更能在協助人們重獲新生的療癒工作中得到成就感與意義感。參加浪遊的成員們也將在連續行走三天後，於此地接受足部按摩服務，體驗中藥草的療癒效用，同時參與樹皮纖維工藝課程。

北路的行程，則由豐濱出發沿著海岸前進，一路聽著太平洋的海濤聲，來到由噶瑪蘭族集居的立德部落。這裡的族人們仍使用噶瑪蘭語，並保留傳統的香蕉絲編織藝術，我們將在這裡享用午餐，體驗噶瑪蘭的文化氛圍。

繼續沿著海岸往南走，我們來到石梯坪漁港，這裡是東部重要的賞鯨基地，1997年，台灣第一艘賞鯨船就是從石梯坪啟航。多年來，東華大學環境政策研究所師生協助業者推動賞鯨標章，希望在發展觀光的同時，也能努力做好海洋動物與環境的保護。

石梯坪的另一個環境議題是原住民土地問題。這些年來，政府派駐在東海岸的管理單位不斷以觀光之名破壞優美自然的海岸，設立一處處大型停車場、涼亭、公廁與旅客服務中心，但這裡的原住民對於土地，至今仍秉持分享的概念，不分彼此地在這個區域農耕、採集、舉辦祭典。漢人進來後，土地一夕之間變成私有或國產局所有，他們恣意地蓋民宿、興建公共設施、鋪滿水泥，著名的月洞等幾處原住民重要的祭祀場所，也被管理單位外包成為廠商營利的處所，處於弱勢的部落居民喪失了土地的發言權和文化主體性，這個區域的土地抗爭運動，需要更多人來了解與協助。（詳情可參考「溫和的民族，遲來的行動」網站http://pangcahland.blogspot.com/）

2010年，花東浪遊北路第一天的落腳處是港口部落，聲音柔軟、個性深具魅力的部落文史工作者Lafay（漢名英彥），她挑起了傳承父親遺願的工作，收集部落傳統歌謠、祭典舞蹈，努力維繫部落的寶貴文化。我們將在這裡體驗漂流木與住屋間無懈可擊的巧妙結合，以及傳統阿美族神祕、療癒人心的古老樂舞。

第二天一早，與太平洋的海浪道別後，大夥兒沿著秀姑巒溪左岸來到奇美部落，「原舞者」曾以這個阿美族部落為藍本，在國家劇院進行創作演出。座落在海岸山脈中央、秀姑巒溪蜿蜒河階台地上的奇美部落，是個擁有阿美族古文明、完整嚴格的年齡階層訓練，以及頭目制度的部落，但也是接觸到外部資本主義社會時最脆弱、最無抵抗力的部落。這些年來，奇美部落積極推動文化再生，他們策展文物、發揚獨特的飲食文化，建立了部落廚房、興建傳統茅屋，今年也開始嘗試有機耕作並努力學習英文導覽解說，只為因應全球化的趨勢，預備與國際接軌。在部落停留期間，我們將和奇美居民一起討論部落未來的發展、體驗原住民的石煮法、一同參與野菜採集，同時分享有機耕作的知識。

告別了奇美，我們繼續沿著秀姑巒溪往南，進入193號省道，途經幾個優美安靜的部落，欣賞縱谷壯闊景觀，中午則在高寮部落和南路浪遊團隊會師，一起前往大禹社區。

這一次的花東浪遊，我們仍秉持著三個對環境友善的概念：「零廢棄物」，不使用無法回收利用、無法自然分解的物品，避免造成村落環境的負擔；「零食物里程」，盡量使用社區附近生產的食材來備餐，降低食物運輸過程中所造成的二氧化碳排放，並支持當地的農業；「減碳」，接駁的過程中盡量使用大眾運輸工具，配合徒步的低碳旅行，訴求一種對環境友善的遊憩活動。

*　　*　　*

花東浪遊，已成為每年冬季最美好的邀約。2011年，蔡建福帶著大家前往位於花蓮富里六十石山谷，必須溯溪三個半小時才能抵達的達蘭埠部落，這裡因為不用電而稱為「黑暗部落」，可說是全台最少碳排量的社區。

達蘭埠部落早年因為地權問題，未能向台電申請送電，現在輸電的線路已經到達部落外緣，居住於此的阿美族人卻反問：「我們需要電嗎？」並得到一個美麗的結論：讓我們保持黑暗中的星光吧！他們不想用冰箱來儲存隔夜的食物，寧願現採現吃；

他們不願將時間投注在電腦與電視上，寧願日出而作、日落而息。當黑夜來臨，他們寧可捨棄電燈，在夜空下與家人、鄰居一同聊天，抬頭仰望來自宇宙銀河的星光。

來到這一個沒有燈光、卻充滿星光的部落，雖然已有馬路開通，但蔡建福還是堅持循著古道，溯溪前往，展現最質樸的誠意。

2012年已經到來，蔡建福的另一次浪遊即將啟程。如果你也喜歡走路、喜歡親近大地，不妨收拾環保的行囊，以自己的雙腳，走上屬於你的浪遊之旅吧！

【實用小百科】

來看看食物里程怎麼算

（以2009.01.19～20於都歷部落為例）

日期	餐別	食材來源	食物里程
1/19	晚餐（六道菜）		
	烤魚	部落魚塭	0
	蔬菜	野菜如昭和草等（當地時令）	0
	薑母鴨	當地養的鴨	0
	米	當地種的米	0
	炸南瓜	當地種的南瓜	0
	鹹猪肉	當地養的猪	0
1/20	早餐（五道菜）		
	粥	當地種的米	0
	菜脯蛋	當地養的雞下的蛋	0
	紫色地瓜、木薯	當地種的	0
	蔬菜	野菜	0
1/20	午餐		
	糯米「阿里鳳鳳」	當地種的	0

【實用小百科】

看看鄉村保護組織有哪些

▼機構／組織小站—國內篇

- 千里步道籌畫中心：於2006年4月23日，由徐仁修、小野、黃武雄等人聯名邀請眾人共同參與，宗旨為推動環島步道路網串聯，並促進環境與公共議題參與。
  網址http://www.tmitrail.org.tw。
- 自然生態保育協會：以帶領大眾貼近大自然為目標，傳遞綠色家園需要永續發展的理念，除了保育、研究與推廣，也出版自然保育書刊，例如《大自然》雜誌。
  網址http://www.swan.org.tw。
- 海洋環境教育推廣協會：藉由活動、課程、研究和出版，提昇國人對維護與改善海洋環境之認同感，讓台灣人真正成為一個愛海、懂海、珍惜海洋的海洋民族。
  網址http://www.tamee.org。

▼機構／組織小站—國外篇

- Nature England：整併英國自然署、農村發展服務局、英格蘭農村的單一專責機構，也是政府施政的諮詢對象，致力於環境管理與維護、劃設保護區、提倡保育相關法令與研究。
  網址http://www.naturalengland.org.uk。
- ANOB：是Nature England劃設保護與管理的自然區，「NAANOB」則是具有管理ANOB、連結其他機構的獨立組織，每年舉辦大會討論各地區的地景管理。
網址http://www.aonb.org.uk。

- LEADER：鄉村經濟發展行動連結，是由歐盟提出的鄉村發展政策，以「不破壞、多元化」為宗旨，並強調弱勢團體的參與。
網址http://www.moorscoastandhills.org.uk。

【實用小百科】

了解什麼是「農村再生條例」

政府編列十年2000億預算的「農村再生條例」，引發環保人士強烈爭議，最主要是因為此條例並非基於關懷農民和農村，而是以都市人活絡房地產為目的，政府藉由土地活化之名，透過立法手段進行區段徵收、重劃或協議價購，將大量農地轉為建築用地，如此勢必導致小農無以為繼，因此該法條被各界嘲為「滅農法案」。相關討論可參考環境資訊中心網站上的報導（網址 http://e-info.org.tw/node/39801），或公共電視「有話好說」的報導（網址 http://talk.news.pts.org.tw/2009/03/blog-post_27.html）。

小米園的希望

林福岳老師的部落工作課

採訪撰文◎黃曉芳

課程時間：2009年9月～2010年1月

課程名稱：部落工作（碩二課程）

任課教師：林福岳（民族發展研究所）

修課學生：11人

進行方式：學生每週到台東待一至二天，進入災區部落服務，加上課堂討論

「小米粽，好吃的小米粽，半個二十元！小米酒釀養生香腸，一條二十五元！絕對給他很好吃的啦！」

學生們參加東華大學園遊會的「部落小米園」擺攤攤位。

2009年秋末，東華大學的校慶暨「國際美食文化藝術園遊會」裡，好幾位學生站在「LaLauRan拉勞蘭～部落小米園」的攤位前，拉開喉嚨，很high地大聲叫賣。

這群學生都是「部落工作」課程的碩二生。他們一面用電鍋蒸小米粽，一面升起炭火，讓香噴噴的酒釀香腸吸引客人停下腳步，而遮棚上素樸的手寫海報正隨風飄揚，上面寫著「香蘭茶20元一杯、香蘭茶凍30元一杯、手工小米餅乾50元一包」。

這些產品全都出自台東縣太麻里香蘭村的拉勞蘭工作隊，現場還有小米酒釀醃烤肉、小米露、樹豆、小米壽司、小米年糕，以及真空包裝的祈拿福（cinavu）。祈拿福是排灣族在節慶與祭

< 看到這個，就知道到了新香蘭囉！

典上的必備美食，也是外出工作、狩獵時的隨身餐點，外層以香味撲鼻的月桃葉包起，內層沾著假酸醬（ljavilu），餡料則是小米和經過特別料理的五花肉，蒸煮後的香味和口感都是一絕。這群學生們也是進入香蘭部落之後，才吃到這類似小米粽的美味食物。

第一次走進部落，眼界大開

東華大學民族發展研究所在碩二學生的課程中，安排了「部落工作」課程，由林福岳老師帶領，進入部落學習服務。2009年暑假，八八風災重創台灣，九月開學後，林福岳決定帶領研究生前進災區，協助受創的部落進行重建。

然而，災區已有許多熱心團體進駐。「我們的介入，到底可以為部落貢獻什麼？」在和「原鄉部落重建文教基金會」討論之後，林福岳決定讓十一名研究生參與基金會的「有機小米種植計畫」，希望透過恢復傳統作物，讓當地經濟自足，甚至吸引年輕人回到家鄉的土地進行耕種。

基金會位於台東太麻里的香蘭村，排灣族原名「拉勞蘭」（Lalauran），意思是「肥沃之地」。2009年10月9日，學生們抱著興奮緊張的心情，第一次到台東，當他們走出太麻里火車站，

很有原住民風格的新香蘭教會。

看見碧海藍天的壯闊景色，所有人全都雀躍不已。

「我們一群人浩浩蕩蕩地坐上部落專用的廂型車，這個台九線旁的小聚落，依山靠海、景色優美，海風徐徐讓我忘記太麻里鄉遭受颱風重創的事實。經過坍方地段時，我們才猛然想起這裡是東部災區最慘重的地方，並為美麗的山河受到土石流侵襲感到萬般不捨。正是這股動力，驅使我們前進災區部落，盡我們的一份心力。」

一走進香蘭部落，就看到炊煙升起，居民們以烤肉大餐熱情迎接他們。學生們在課堂上念了許多原住民發展理論，今天終於走進田野，見到長期在部落服務的戴牧師、返鄉耕耘的執行長阿中，也終於走進以竹子和茅草搭建的青年會所，吃到讓人齒頰留香的原住民食物，還聽到許多傳說與故事，收穫豐富。

「參觀完部落回到教會，戴明雄牧師向我們解釋基金會的重建計畫，包括心靈重建、在地就業、部落產業、培育原民人才、鼓吹青年返鄉五個部分，希望先在一些部落做出口碑，讓部落自力更生，並從產業、文化、教育各方面建立自信心，而不是一直仰賴政府、企業的補助，這樣才能擁有自主性。」

而小米，是最富含文化意義的傳統作物，於是基金會擬定了一套鼓勵有機耕種、保證收購的策略，希望部落經濟動起來，其中一些簡單的前置作業，就交給這群研究生協助。一個學生興奮地說：

「首先，我們必須進行土地調查，以及對相關的農作物進行了解。我們選定嘉蘭和愛國埔部落，十一個人分成兩組進行。下一次，我們就要展開真正的『部落工作』了。」

看，我們到了部落接待中心耶！

學生們五穀不分，在田野中慢慢學習

一個星期後，學生們跟著基金會人員進入部落，親自向居民解釋小米種植計畫，這才發現，事情並不如想像中那麼簡單。

例如，要種植有機小米，必須使用休耕三年以上的田地，才不會有農藥殘留的問題。光憑這一點，居民便紛紛搖頭：「沒有肥料和農藥不行啦，這樣小米會長不大，會很小很醜啦！」

基金會一再保證不管美醜都會收購，條件是通過檢驗無農藥殘留的小米，每公斤收購價八十元，而有些微農藥殘留但低於標

戴明雄牧師在教會裡向大家說明計畫。

準的每公斤四十元，不合格的則不收購。居民又說話了：「我的地一直在種東西，怎麼可能休耕三年？」很多居民發現自己的土地根本不符合資格，悻悻然走了。

又例如，基金會願意提供就業機會，雇用居民耕種，但村子裡都是老人家，有了薪水就不能領老人津貼，這點也讓許多人遲疑止步。

學生們涉世未深，遇到問題不知該如何解決，心裡就有負擔。

「居民們的眼神中有著期待，我在內心小小緊張著，這樣的期待會不會落空？因為目前仍有太多的不確定因素。在和老師詳談後得到一些解答，老師說，如果我們因為害怕而不敢採取行動，那就什麼都不用做了；重點是現在有多少能力，我們就做多少事，一步一步繼續往前走。即使不容易，但還是加油吧！」

即使推展不易，還是要堅持下去。只要聽見哪裡可能有適合的土地，學生們就協助基金會進行勘查、測量、拍照，詳細地做成紀錄。好笑的是，學生們從小五穀不分，對農事毫無概念，連一分地有多大、十分地等於一甲地都搞不清楚，基金會的人只好不斷幫他們惡補。

「在看土地的過程中，我鬧了一個笑話。有次我看見地上有顆果實，高興地說：『這棵檳榔好大啊！』只見牧師疑惑地看著我：『這是椰子啦。』好吧！我承認我分不清椰子和檳榔，我會努力學習吸收農業知識的。」

一起到正興、新興和富山部落探勘小米田預定地。

親身貼近土地，是最快的學習方法，而這群研究生們也很願意邊玩邊學。

「下午，我們到富山看地，看到的第一塊地種植花生，阿姨拿起正在曬乾中的花生給我們品嘗，雖然是生的，不過很好吃喔！後來到了工作地，看到一堆婆

學生們前往正興三號地，走在前方的人揮汗努力開路中。

婆在打牌吃檳榔，我被這樣的畫面嚇到。另外，有次和一位阿姨聊天，她告訴我們這邊的小米是紅色的品種，也讓我們得到了一些知識。」

另一位學生說：

「這次到富山勘查耕作地，開車走產業道路大約花了十幾分鐘。曾執事教我們如何目測並判斷，例如小樹如果長到膝蓋，代表耕地大約有一、兩年未使用，此外也教我們如何辨識噴灑過農藥和殺草劑的痕跡。聽了這些解說，我對耕地的可用標準也慢慢有了概念。回程路上，我們到愛國埔部落勘查，村長夫人騎摩托車帶我們去看地。有一塊地不錯，大約有一甲，但鄰近釋迦園，曾執事擔心會有農藥問題；另一塊地很平整，但地面上只有一、兩公分高的雜草，這表示休耕的時間還不夠長，可能會有農藥殘留的疑慮。」

每週從花蓮到台東，來回奔波的車程要花上七小時，雖然很辛苦，但學生們在實際的參與中，不斷地繼續了解和學習。

「星期五，我們先到愛國埔，有二十幾個居民想報名小米計畫，結果只有三筆土地符合標準。我們在村長家看見長者們從一開始的萬分期待到後來的失落，但為了堅持品質，基金會勢必得如此做。

後來我們轉到富山，發現了十年，甚至二十年以上的休耕地，跑了一天，這四、五筆土地已足夠基金會運用了，一切都很順利。題外話，在富山遇見一戶老人家，因為八八風災的緣故，他家中的土堆得很高，財產損失慘重，但政府認為不符合補助標準，只有房屋半倒或全倒才能領取救助金；而之前承諾幫忙蓋永久屋的NGO（非政府組織）團體，也毫無下文。我看著老阿婆訴說這一切時的無奈，讓我不禁憤慨無比，但同時又無能為力……我只能在離開時，叮嚀她要好好照顧自己。」

耕地的問題解決了，十一月初，基金會開始到各村落舉辦說明會，學生們幫忙準備簡報、簽到、記錄和照相，戴牧師還特別向村民介紹東華大學民族發展研究所，讓學生們很有成就感。

「在說明會上，村民們對不能使用農藥非常不安，這讓我想起牧師曾說過，原住民傳統的農耕技術已被化學肥料和農藥取代，帶來的影響不僅是失去了有傳統精神貫注其中的作

學生們協助基金會舉辦產業計畫說明會。

物，而且作物收成後也只是賣掉換錢，不再有其他意義。若能透過這個產業計畫，將失落的耕作技法和智慧帶回部落，那麼每種作物背後都能成為一種文化的展現，離部落獨立自主的夢想也更近一步。」

「在進行討論時，村民都滿踴躍的，不過大部分都使用排灣族母語，所以我的記錄本上簡直是空白一片，還好有錄音下來。說明會結束後，大家坐車上山來到一個制高點，從那裡可以看到未來要栽種的小米田，我們的視野一直延伸到大馬路和海岸邊，風景非常美麗。」

要種植小米，就要思考如何設計產品及行銷。過去部落生產的小米酒，由於品質很好，因此頗受歡迎，但數量不多且封口技術不佳，消費者打開時會聞到發酵的氣味。經由台東大學老師的介紹，他們前往拜訪釀酒工廠的老闆，請教量產和包裝技術等問題。

解決了產品和行銷，下一步是幫每塊地拍照和畫地形圖、與村民逐一簽約，並到台東農改場的小米園區參訪。

「第一次看到小米園，覺得很特別。原來小米有這麼多品種，顏色也不一樣，有比較紅的，也有比較黑的；而且小米穗的長度也不同，有長有短，有胖有瘦。我們三個人分頭用相機拍下這些小米的名稱和長相，我不禁想著，每種小米的背後應該都有一段故事吧！這個台中一號和台中六號的故事是什麼呢？我開始有點期待接下來的小米文史調查了。」

採集小米故事，思考原鄉的未來

「部落工作」課程只有一學期，林福岳本來希望學生團隊在學期末做出一份小米的文史調查紀錄，並將這些文字與影像放到基金會的網站上；但陸續有新的村落加入小米計畫，所以學生們還是要到處勘查土地、進行土壤檢測，而各種簽約事宜的進展又比預期中緩慢，眼看學期已過了大半，學生們開始著急，紛紛央求基金會的人趕快引介訪談對象，以便收集小米的故事。

終於，學生們見到知名的原住民作家亞榮隆·撒可努，馬上跌進豐富的故事世界。

「撒可努說，植物是比動物更有心機的。動物想要繁衍下一代，只會做愛而已，但植物可不是這樣。例如芋頭，你不能一整顆種下去，這樣會長不大，要先切一半再種，就像嬰兒要脫離媽媽的身體得先剪掉臍帶一樣，芋頭才會長得又大又壯。

椰子為什麼要長在山坡上？因為果實掉落時，就可以順著陡峭的地形滾到山下，椰子樹（母株）告訴她的孩子到別的土地去

（左）（中）看得出來嗎？左右兩排的小米是不同品種的喔！（右）熱情爽朗又對小米瞭若指掌的小米達人歐媽媽。

長大，這片地養分已經不夠了，滾遠一點可以長得更好。而直接掉在樹下的椰子，就用香氣吸引野豬及其他動物來玩它，不知不覺地把它帶到另一個地方。你們看，植物的心機是不是很重？

至於小米的故事太多了。老人家說，古代的天神曾經托夢給族人，大水即將來襲，要他們把穀物綁在草綑中放到屋頂上，果然大水來了，族人將所有草綑併在一起，變成水面上的一片陸地，到處漂流。但穀物早晚會吃完，他們聽說遠方有根直通天上的柱子，只要拿到天神的小米就可以食之不盡，於是部落中最強壯的男人找到那根柱子並努力爬上去，誰料到他也因為太強壯而無法通過洞口；所以後來又換瘦小的男人爬上去，但他卻力氣不足，爬到一半就滑下來。

這時，他們發現另一片陸地上，有位從小被排擠而離開部落的男子，他常在深山中跟猴子玩耍，身軀瘦小但手臂強而有力，因此他順利地爬到天上拿到天神的小米。當他滑下來時，一些小米從手中掉落，這些變成了平民的小米，而他手中那株小米則是貴族的小米；當他游回自己陸地時，黏在衣服上的小米隨著大水漂走，所以世界各地都有了小米。

撒可努說，在排灣族裡，女人的地位比男人重要。男人負責打獵，但肉品只能讓身體強壯；女人負責照顧土地和栽種，但小米和各種作物可以用來延續生命，所以女人對部落很重要。」

民發所的學生中，有好幾位都是原住民，撒可努也提出一個問題讓大家思考：「原住民年輕人如果都去讀研究所，忙著將『文化』記錄成文字，卻沒人要回來部落耕作，拿到槍也不會用，不知道怎麼打獵，原住民會變成怎樣？部落文化又會剩下什麼？」

這是一個好問題，但學生們沒有答案。

接著，他們去嘉蘭村拜訪小米達人歐媽媽，熱情爽朗的她，從小米的品種、如何整地、灑種、間拔到如何趕小鳥等等，幾乎無所不知，說來簡直如數家珍。

「這次的田野調查讓我覺得收穫滿滿。每次下部落的時間都相當可貴，因此更要把握每一分每一秒，不要花太多時間休息。第一次訪問歐媽媽時，我只是和她聊聊天，她談了很多關於種植小米的經驗與小米的種類，我聽得津津有味，雖然不懂農耕，但這不就是部落工作要學習的部分嗎？接下來，我們去看歐媽媽的地，也參觀了她滿滿的小米寶庫，這時候，我們的身分不是研究生，而是一個從零開始向她學習的農耕土包子。面對這樣一個有著豐富耕作知識的老師，我當下的想法是，怎麼沒有人跟著她學習，把她的經驗傳承、記錄下來呢？」

那麼，就由這群學生們開始著手記錄吧。再次拜訪時，他們帶了錄音筆及DV，一邊和歐媽媽聊天，一邊品嘗美食。

「歐媽媽先告訴我們傳統小米的吃法，從大鍋飯的烹煮方式，到使用香蕉葉包住小米粒的祈拿福，以及用香蕉葉包住小米糕的阿邁；不論過年團聚、掃墓、結婚喜慶、喪禮過後或豐年祭，各種儀式都會用到小米，小米可說是部落的主要食材，同時也包涵了精神意義。在聊天的時候，歐媽媽很好客地從廚房拿出小米糕請我們吃，這是我這輩子第一次吃到小米糕，口感滿新鮮的。另外，歐媽媽也在小學教有興趣的人做竹籐編製，更身兼小米產銷班的班長，真是一位具有傳統知識並熱心傳承的長輩！」

十二月初，土地簽約的事宜仍在緩慢進行中，學生們只好盡量抽空到村中訪問耆老，藉此收集小米的相關知識，同時試著記錄耕種小米的過程。

「中午，簡單地在部落用餐後，我們兵分兩路，我是嘉蘭組的。在路程當中，我看到世界展望會在當地援建的中繼屋，想到社會上的人似乎都忘了八八風災的災民，忘了他們還在為自己的家園努力，而我們能做的，好像就只有那一點點……走過蜿蜒的山路後，我們到了山上，看到正在翻地的婆婆，聽說她剛出院就下田了，因為孩子們都到外地工作，我聽了心酸酸的。

生平第一次，超新奇的拔生薑體驗！

我們繼續前往一塊還沒開發的山坡地，經過一番披荊斬棘才抵達目的地，這對我來說是第一次，感覺就像走在森林裡！很奇妙的感覺。之後，我們去看龍哥家的地，那裡種了橘子、芋頭和薑，為了讓我體驗一下農村生活，龍哥要我一起拿著鋤頭挖薑，雖然都是他幫我挖的，不過我覺得好有成就感也好開心，因為我從來不知道原來薑是這樣長的！之後，我們來到一戶傳統屋，有位大哥正在處理洛神花，他熱情地請我們吃他醃的洛神，我才知道原來只要有鹽和糖，就可以創造出這麼棒的美味！我買了一瓶回家，這也算是促進部落的產業發展喔。」

另一批富山組的同學，剛好遇見新香蘭的婦女在撒種小米，而且撒種過後還要翻土。學生們拿起DV記錄過程，並採訪了幾位長者與老人家，收穫十分豐富，也因為部落中多半是老人和小孩，這群年輕人吱吱喳喳的笑聲，也為村落帶來難得的活力。

「接著我們到戴爸家的工寮，以訪談之名，行做手工藝（小手環）之實。一路上我們不改嘻嘻哈哈的本性，還坐在車子的上頭拍照，只見曾執事擔憂地說小心一點啊，但他又說，很喜歡我們工作之餘也有歡樂，這樣很好。哈哈哈！」

在小米工藝坊嘗試DIY活動。

「回到新香蘭後，我們到小米工坊用DV記錄小米脫殼、輾小米、篩小米的過程，自己也親自體驗看看。雖然有機器在一旁輔助，不過想要精細地篩出完整的小米，還是要靠人力一次又一次的篩濾才行。」

這群研究生雖然看起來有點天兵，經常鬧笑話，但這些年輕的身影在部落中穿梭時，確實帶來了另一層意義。有位學生就提到，有次採訪結束回到基金會，他跟著戴牧師和一群訪客吃飯。

「這些訪客是石山部落的阿美族人，特地來找戴老師，交流小米產業推廣的經驗。看到我們時，他們語重心長的說，他們的部落也很希望有大學生一同參與，這讓我感覺到，部落的發展還是需要青年回流，才能長遠地繼續走下去的」

部落文化之旅，是美麗句點也是起點

學期即將結束，學生們的小米作業並不夠完整，不過，他們設計了一個很棒的期末報告，那就是兩天一夜的「部落文化之旅」企劃書。他們想將這個學期以來看到的部落之美整合成一套旅遊方案，而且是自己先體驗一遍，再跟更多人分享。

2010年1月9日，這群學生以遊客身分來到新香蘭部落門口，接受迎賓儀式——排灣族長老燒七里香葉，請來客過火，再喝香蘭茶——如此，進入部落的儀式就算完成了。

等導覽人員帶領大家認識部落之後，眾人便來到小米園，傾聽長老訴說小米與排灣族人的故事。接著大家參訪傳統石板屋，這是1995年時，陳參祥老師與親友們花了三年時間以傳統技法搭建而成的，希望藉此再現魯凱族文化。除此之外，這趟旅程還包含許多體驗活動，例如太麻里看日出、小米美食DIY、排灣族陶珠DIY、瓶裝小米製作等。他們就以這趟快樂的旅行，作為一學期辛苦課程的美麗終點。

然而，曾有的體驗與學習將永遠留存在他們心裡。

「第一次和大家一起在教會過夜的感覺滿好的，大夥兒共同談心的夜晚讓團員間更加認識彼此，只是，為什麼教會的廁所和浴室都離睡覺的地方這麼遠啊？讓我即使半夜想上廁所，也只能

一路忍到天亮。」

「今天搭阿翔的車下去部落，超省錢的，不然坐火車很貴，而且重點是大家在車上可以聊天。我們聊得很盡興，越來越覺得我們這個團隊能這樣一同下部落，也是一生中令人難忘的經驗之一吧！」

「這學期大家都很忙碌，但也感受到，即便在這麼忙的生活中，大家並沒有放棄前進的力量。祝福大家一切順利，加油喔！」

這些點滴回憶，將化成這些年輕學子的成長養分，未來，或許他們將是幫助原民部落復甦新生的美好力量呢！

【深度解說員】

Go！小米故鄉文化之旅行程表

〔第一天〕

時間	活動內容
08:00～10:30 部落洗禮	「頭目的家」部落儀式 小米播種儀式
10:30～12:00 傳統美食體驗	祈拿福製作
12:00～13:00 風味午餐	品嘗香蘭茶凍、酒釀香腸、 酒釀醃烤肉、樹豆等
13:00～16:00 部落巡禮	歐媽媽的小米時間 石板屋參觀介紹
16:30～17:30 與部落青年約會	原住民文化、人文、部落故事分享

〔第二天〕

時間	活動內容
05:30～07:00 迎接曙光	迎接太麻里的曙光！看日出去！ 日出時間為6:30左右， 6:00集合出發
08:30～09:00 享用早餐	風味早餐
09:00～11:00 小米DIY	瓶裝小米製作 孫媽媽家陶珠製作（正興村）
11:00～13:00 小米與部落	影片介紹小米生長過程及 部落故事，並品嘗小米粽與香蘭茶
13:00～15:00 小米生態步道	走入部落及生態步道，體驗小米園 地傳統耕作

歡迎光臨

五味屋

顧瑜君老師的社區參與方案

採訪撰文◎石佳儀

課程時間：2008年至今

課程名稱：青年社區參與、社區創意行動方案設計、社區服務與學習

任課教師：顧瑜君（自然資源與環境學系）

進行方式：老師帶著學生「下田野」，進社區，走入五味屋；師生一同，貼近田野裡的人、事、物，以「田野」為師。

＜五味屋戶外賣場，顧瑜君老師與小老闆陳姿芸。

顧瑜君老師移居花蓮至今已十七個年頭，在大學教書的她，經常自問：到底位於花東縱谷上的東華大學承諾給學生什麼樣的不一樣的教育？投身在大學教育裡，自己的志業到底為何？這兩個簡短的自省問句，除了思考普遍性的大學教育定位、教育工作者個人的召喚之外，還有一個潛藏根本的問題需要面對，那就是東華大學與地方的關係。大學坐落於地方，在地方之內，大學生的學習與視野的開拓，也應該從地方開始。

基於這樣的想法，顧瑜君多年來透過社區參與的課程，帶著學生走進社區，與社區一同探索。社區居民帶著從外地來的大學生認識台灣後山的鄉村生活，大學生也牽著社區孩子們的手，走進另一個孩子們原先陌生的世界。社區參與課程，巧妙地成為大學與地方連結的橋樑，連結久了，落在夢田裡的種子開始冒出芽來，而「五味屋」便是其中一棵可見的、外型奇特的小果樹。大學生與鄉村的孩子，一起在一間老舊的日式屋舍裡，共同經營二手物品的生意、體驗人生五味、大人與孩子們共同經營著鄉村的未來。

土裡吐氣的五味屋

有人說，五味屋很好玩，而且店裡面可以找到很多便宜的東西，這是真的嗎？

是的，因為五味屋的經營首要目的並不在於賺錢，而是透過交易建立關係、創造關係，換句話說，正是「掛羊頭、賣狗肉」，所以在這裡，二手物品的販售價格有時可以很隨意。曾經有個阿嬤穿著雨鞋走進店裡，選了很久只買一個10元的舊式碗，五味屋的老闆看懂了阿嬤的採購型態，結帳時，搬出有些細微裂縫、還不確定該以什麼價格上架或不上架的碗盤，詢問阿嬤是否有需要？阿嬤仔細檢視完一小箱的碗盤後疑惑地問：「全部多少錢？」

「50元吧！」雙方都開心成交。

有人問，為什麼不直接送給阿嬤呢？五味屋相信，「買走」與獲得慈善的施捨一定有些不一樣，孩子們也跟著志工在這細微的過程中，默默學習到許多人生重要的功課。

說來有趣，五味屋的「老闆」就是社區裡的小孩，而五味屋的交易原則是「銀貨不兩訖」。由於二手物品沒有太多直接的成本，孩子如果需要店裡的東西，而且是他真正需要的，他可以先帶走物品，再以工作的方式累積工作點數來「付費」，因為五味屋在一般的情況下不直接救濟或贊助孩子，而是希望孩子們靠自己的努力換得所需。從日常生活用品到外出參與活動，孩子們都要靠自己的工作點數換得，其中外出活動更需要經過爭取、申請的程序，不是報名就可以參與。

以如此方式經營的五味屋，會不會有虧本的問題？關於這個問題，得從比較遠的地方說起了……

逆境中安歇的角落

五味屋成立於2008年8月30日，起初只是為了挽救面臨拆除命運的日式破舊風鼓斗建築，為社區歷史空間保存一份紀念，豐田村的牛犁社區交流協會楊鈞弼與游雅帆夫婦找顧瑜君討論，如何把這個空間作為兒童與青少年活動的場所，而且要有趣、好玩、生活化？

鈞弼夫妻希望讓孩子們在社區裡能真實地學習，若能加入環保的概念更好，於是提出讓孩子們經營二手商店的構想。在與孩子們討論後，這個構想立即獲得孩子們的熱烈回應，因為裡面有著扮家家酒的性質——不僅好玩，甚至還能賺取自己的餐費、活動費用。

於是，顧瑜君、研究生們與孩子展開了籌備討論、規劃，同時她靈機一動，決定帶著大學生和社區裡的弱勢孩子，一起捲起袖子整修這個被白蟻占據、到處漏水的老舊空間，從刷油漆、釘

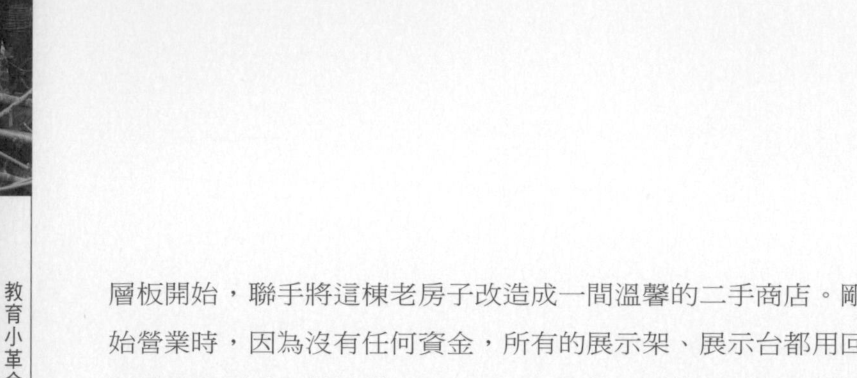

層板開始，聯手將這棟老房子改造成一間溫馨的二手商店。剛開始營業時，因為沒有任何資金，所有的展示架、展示台都用回收紙箱改造而成，就這樣1元、5元、10元的，開始了社區二手公益商店的生意。

五味屋是為孩子們而設立的，但不靠促銷宣傳、贈品、熱鬧活動或投其所好的方式吸引孩子前來，也不強調孩子一定要帶功課來做。所有的邀請、分享與陪伴，都在不經意間自然流動，

剛開始營業時，所有的展示架、展示台都用回收紙箱改造而成。

大人小孩一起油漆閱讀區的地板。做中學，每件事情都創造孩子參與的機會，做不好、不完美無所謂，「這件事我有份」是五味屋不斷從生活小事中創造的「關係」。

頑皮的孩子弄壞了五味屋後方菜園的圍籬，讓孩子修復圍籬是學習而非處罰，從規劃討論到執行全都自己來，除了學到需為自己的行為善後，更從中獲得思考與技能上的成長。

孩子們親自種植洛神、採收、處理、醃製、曬乾，一方面作為鄉村孩子接近農業的媒介，一方面將曬乾的洛神花作為感謝捐物者的禮品。

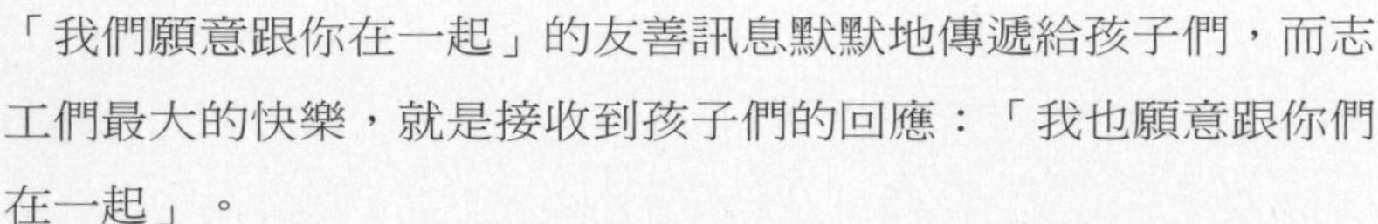

「我們願意跟你在一起」的友善訊息默默地傳遞給孩子們，而志工們最大的快樂，就是接收到孩子們的回應：「我也願意跟你們在一起」。

每個週末的早上九點，五味屋開始營業，但孩子們總是提早在門口等待；等到黃昏四點結束營業時，孩子們又摸東摸西，不斷拖延回家的時間，「趕都趕不回去」，連公共電視的「感恩故事集」節目，都曾以「賴著不走這個家」為題，報導孩子們在五味屋的生活以及賴著不走的樣子。

經過三年多的經營，這間孩子的商店慢慢獲得各界關注，成為豐田地區的另類景點，許多不嚮往傳統觀光據點的參訪者尋幽訪巷地到來，尤其是寒暑假的旅遊旺季，上門的客人更是絡繹不絕。

但五味屋真正的意義不在此，更重要的是，孩子們在這裡獲得不同的經驗：原本害羞退縮的孩子，現在願意主動跟客人打招呼；原本不修邊幅、對服裝儀容毫不在意、口齒不清的國中男生，現在可以穿上粉紅色襯衫，擔任志工婚禮party或正式活動的主持人；原本整天躲在姊姊背後的小女孩，現在會大聲講出自己的主張與意見；而原本信心不夠、選擇以頑皮引起注意的孩子，也能偶爾展現出努力完成申請方案，爭取到外地參訪的機會。

除了工作、學習之外，孩子若願意帶功課來這裡，大學生志工會進行一對一的課業指導，但不強迫孩子們寫作業。

「三年來，在五味屋的陪伴經驗讓我們更加認識到，孩子們需要我們不慌不忙地、體貼地與他們在一起，我們需要尊重他們的節奏和腳步，所以需要改變的是大人。」將自己定位為五味屋長期志工的顧瑜君說：「只有鄉村孩子能夠改變家鄉的命運！這

討論、共議，是五味屋小孩與大人的「習慣」，把事情講清楚對孩子們是很重要的，因為思考與語言表達是所有學習的基礎。

教孩子為志工在午餐後準備一壺熱咖啡，感謝志工們的辛勞。從打豆粉、煮出黃金比例的咖啡，到將咖啡送到飲用者手上，每個細節都是學習與驚喜。

進行物資整理，大學生在一旁陪伴孩子。這是五味屋的常態工作，從物資中認識世界，物資是孩子們與外界接觸的窗口。

是我們的夢想與信念，團隊夥伴和我想以『另類』的助人方式，找到幫助偏鄉孩子的方法，讓他們增能，等孩子們長大了，就會讓自己的家鄉不同，因為孩子是家鄉未來容顏的化妝師。」

以孩子為師

五味屋的另類助人方式是「跟孩子學習」，讓孩子成為大人的老師。

台灣的城鄉發展落差日益增大，許多偏鄉的弱勢孩子都來自無法給予足夠支持的家庭，家中的大人往往也是需要被拉一把的對象。豐田是台灣典型鄉村的縮影，隔代教養、單親照顧、重組家庭、家長工作不穩定等狀況十分常見，孩子們在資源相對不足的鄉村中默默長大後，多數需要離鄉討生存，他們對未來缺乏期盼，更少了企圖與想像。

於是，五味屋的志工們試著理解每個孩子的生命處境，接納孩子們原來的樣子，再從中找尋鄉村孩子們需要的支持力量與幫助。五味屋不以慣用的教育、輔導或社工模式面對孩子，而是希望從平凡與真實的生活中，例如一起工作、吃飯、玩耍等，摸索出讓孩子們保有原來樣貌、以鄉村孩子風格成長，並為自己與家鄉找出路的方式。

閱讀打開了孩子世界的窗，每天的閱讀時間由志工陪伴閱讀，此外兒童節的閱讀活動、閱覽室的設置，都是為了讓孩子有豐富的閱讀環境。

在面對既有的社會主流與規範時，偏鄉弱勢孩子往往如被囚禁般難以言語，也無法替自己辯駁，他們常因無法遵守規範受到責難、因學業成就不佳而抬不起頭，再加上各種資源不足的限制不易獲得改善，這些形成了惡性循環，孩子與他們身邊的大人皆陷在無奈與無力的循環中難以自拔。

「我們要做的不是改變他們，而是把陪伴當作鉗子，剪開監禁孩子心靈的鐵網，讓孩子們在真誠而踏實的支持下重返自由（而不是任他們放逐或狂野），從中尋找有尊嚴的生存價值。我們願意跟孩子們一起走向柵欄外的道路，一條人煙或許稀少，卻是真正屬於他們自己的路。」顧瑜君說：「我們要做的是替鄉村孩子找到有尊嚴與價值的出路與未來。」

和你在一起

有了五味屋這個基地，除了以二手物品與各界交朋友，顧瑜君和學生志工們更不斷創造各種機會，讓弱勢孩子們可以走出去，見識更廣大的世界。

五味屋開幕滿兩週年後，2010年的盛夏，志工團隊與來自全台的十六位志工，陪著12個五味屋的孩子以順時針方向單車環島十一天，總共騎了八百多公里，走訪全台五個社區。南迴公路、北宜公路的連續爬坡彎道，以及呼嘯而過的大型卡車沒有讓孩子們退縮，他們不斷踩踏著胯下那台不怎麼高級的單車，在志工的打氣與陪伴下完成了旅程。

為什麼要騎車環島？其實，這個夢想是孩子們自己提出來的。五味屋的孩子們從小就必須自己騎單車上下學，甚少有大人接送，單車是他們最熟悉的交通工具。這幾年，騎單車的風氣大

在單車上，每個人面對的並不是前方的道路，而是自己內心的一切。

單車環島是為了讓大家完成一份挑戰與夢想，孩子與大人們攜手緊密地交握著。

盛，當他們看見許多客人穿著亮麗帥氣的單車服、帽子和特殊的排汗褲，遠從外地專程來到五味屋並說起單車環島的種種時，孩子們眼睛一亮，傻傻地問：「我們也可以去環島嗎？」而從來沒有單車環島經驗的志工們被孩子們渴望的詢問感動，竟然傻傻地回答：「可以啊！」

顧瑜君的態度是，只要孩子們「敢」說出夢想，她一定會幫助（巧妙地排除障礙）孩子們實現，順勢發展讓美夢成真！騎單車環島可是個大計畫，從體能訓練、路線安排、食宿的規劃到意外狀況的處理等，都是由孩子們與志工團一起收集資料、一起討論參與。經過半年的訓練、準備與學習，2010年暑假，孩子們騎車上路了。雖然他們騎的不是名牌單車，穿的不是名牌運動服，沿路吃的、住的都很簡單，但他們終於以自己的雙腳繞行了台灣一圈，看見家鄉之外的都市風景與鄉村面貌。

這一趟環島之旅，有什麼了不起嗎？其實沒有，大家完成了一件辛苦又快樂的事，然後又回到原來簡單的生活，繼續過日子。當然，孩子們的自信心大大增加了，但志工們不想用「完成挑戰」、「勇敢追夢」、「克服困難」、「充滿毅力」、「不畏艱難」這些冠冕堂皇的詞彙來描述，只是想讓孩子們知道：「就算是傻傻地、不知天高地厚的夢想，我們始終和你們在一起。」

國際交流

2009年，美國紐約長島大學的學生慕名來到五味屋並進行文化交流，回去後深受感動的他們，於2010、2011年三次來訪。五味屋已成為長島大學每年移地學習的重要指定地點，同時還帶著物資前來與孩子們分享，一起吃飯、唱歌跳舞的同樂一整天。

顧瑜君說，外國大學生來參訪，對偏鄉孩子而言當然是好事，正好可以利用這個難得的機會敦促孩子們努力學習英文。五味屋的孩子多半是功課落後、連國字都寫不好的學生，對英文更是陌生與膽怯，志工團軟硬兼施，要孩子們至少準備五句問候語，問候遠道來訪的美國大哥哥、大姊姊們。光是要孩子們開口說英文、自我介紹就是一個大工程，經過一再鼓勵、一再逼迫、一再提醒，才終於完成相見歡的儀式。

當然，顧瑜君也事先和美國大學生們溝通過，告訴他們五味屋孩子的情況。這群美國大學生很活潑，不斷用身體語言與孩子們互動，孩子們從剛開始的害羞退縮，到後來眾人玩成一片，這段時光讓雙方都回味無窮。

談到長島大學三次來訪，五味屋的志工說：「其實孩子們的英文並沒有具體實質的進步，但是在那之後，他們願意嘗試新事物的動機與自信確實增加了。」

外籍志工幫助孩子學習語言，Manu是孩子們很喜歡的老師，跟Manu學英文是五味屋週六午後的快樂時光之一。

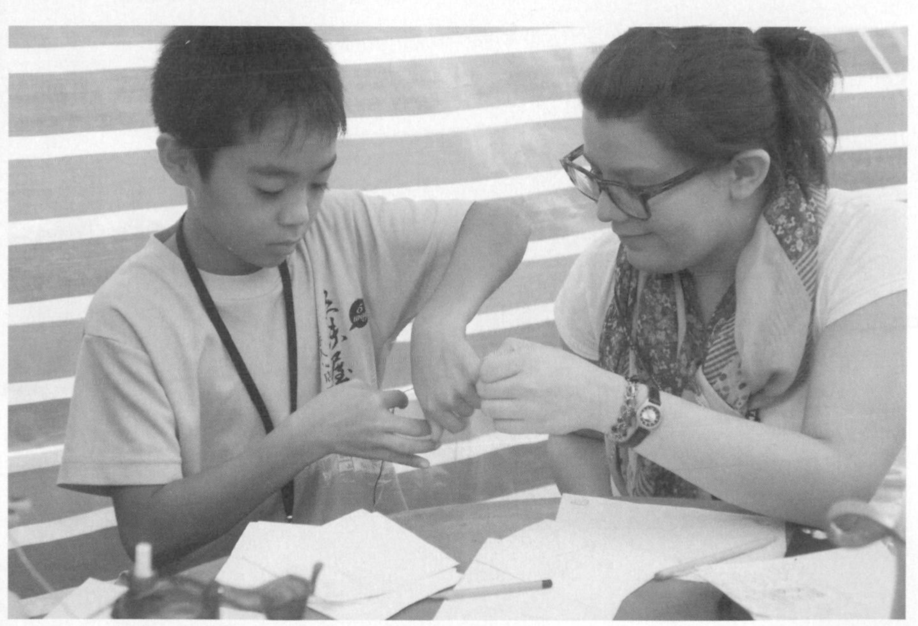

長島大學參訪，孩子與外籍大學生熱情互動。

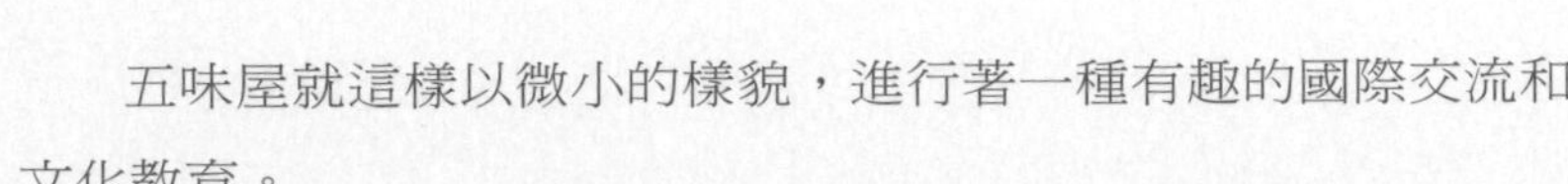

五味屋就這樣以微小的樣貌，進行著一種有趣的國際交流和文化教育。

平凡鄉村裡的平凡生活

五味屋對不同的對象，有著不同的意義。

對孩子們而言，五味屋是一個自由空間，可以跟朋友玩遊戲、看書、玩伴家家酒，跟大哥哥大姊姊一起整理物資、也可以寫功課、打球、彈吉他、學非洲鼓或彈鋼琴，偶爾還可以爭取到外出參訪的機會。

對村民們來說，五味屋是一個假日可以「撿便宜」的百貨商店，鞋子、衣服、手提包、杯盤、小電器、文具、玩具等應有盡有；大學生志工認為這是一個走出大學圍牆、拋開作業報告壓力，與孩子們一起工作、生活、玩耍的所在；外地來的觀光客則覺得五味屋是個新奇有趣的觀光景點，這棟不起眼的木造老房子，屋頂以甘蔗葉編織而成，孩子們在其中自由穿梭並充滿了各種故事。

參與「服務學習」課程的學生認為 ，五味屋是一個「體驗學習」的場所；孩子們的家長則相信，五味屋是個孩子們週末的安全去處，更甚者，幾個孩子的家長開始成為五味屋的固定班底，他們在五味屋跟孩子們一起工作、跟志工們一起牽起孩子的手，編織起社區生態協力網絡，接應孩子們的成長。

五味屋如上所述，聚集各式不同的人，創造出各種不同的意義，而如此多元豐富的人群聚集與意義創造又是如何發生的？作為一間二手公益商店，五味屋和一般公益組織最大的不同，在於其背後的推動力量來自於大學。

村莊可以是大學的教室

1995年，顧瑜君剛到花蓮定居，戶口遷入了志學村，那年恰逢東華大學觀光研究所舉辦一場與花蓮觀光發展有關的座談會，邀請地方社區民眾與首都來的主管單位長官在座談會上面對面溝通。

主管單位大談各種觀光建設構想，像是遊艇碼頭、纜車、直昇機場、拓寬道路等等，由於顧瑜君的專業並非觀光，發言時便以「我是志學村民」自稱、沒有表明教授身分的舉手提出：「觀光的關鍵，應該不在於各種大型建設或設施，或迎合觀光客需要的發展觀光產業，而是如何能以地方主體性為優先、與在地價值共存。」

但官員對這位「村民」的發言不甚滿意，回應時脫口而出：

「剛剛那位『村婦』的發言……」這句話，頓時讓在場的研究生們爆出一陣大笑。

隨後，顧瑜君解嘲地說：「當時我的年紀還不到「婦』，應該用年輕的稱呼『姑娘』比較適合；如果農村婦女簡稱『村婦』，那鄉下姑娘就簡稱『鄉姑』吧。」從此，她便常戲稱自己是「鄉姑教授」，而且很喜歡這個稱號代表的意思：在鄉村教書的女性教授，並藉此時時提醒自己在地思考的必要性。

五味屋主要是由東華大學的學生組成志工團隊，與社區攜手合作，並由東華大學負責志工的招募培訓與工作規劃。大學志工帶著孩子們經營二手商店，而一切都是「做中學」，大家一起探索與學習，從過程中，東華大學的師生看見偏鄉貧窮弱勢的孩子需要的不是救濟，因為慈善救濟常讓窮人跌進更深的自卑，相反的，孩子們需要一個被肯定、被尊重的位置，靠自己努力換得的尊敬與踏實，而且只有當孩子們懂得表達自己，才會受到尊重。

在大學裡，教授們不僅得做國科會計畫、論文發表不能少、教學工作也必須「追求卓越」，但當政策要求教授們在計算SSCI（Social Science Citation Index，社會科學引文索引）點數時，顧瑜君和她的研究生們，卻花更多時間在計算帶孩子們出去見世面需要多少車輛、住宿費用夠不夠、家長同意書收回了嗎？當獎勵制度鼓勵寫研究論文、發表論文時，研究團隊和老師們則忙著送孩子到蘭嶼擔任原住民童謠採集志工，或是想著跟孩子一起參觀廣州亞運時，該怎麼做出完整的照片和文字記錄，好回來跟大家分享。

顧瑜君認為「鄉姑教授」最重要的工作，是尋找各種方式和管道，用來創造社區與在地性的「真知」的場域、空間與形式，讓更多人（大學師生與外地人）與偏鄉弱勢孩子相遇；而且她認為當一個鄉姑教授最有價值的事情，是帶著學生們一起做社會／社區參與。透過行動親身實踐與投入，大學生會得到在大學裡無法獲得的學習與改變，因此五味屋對她和她的學生而言，是一個珍貴的場所；在這裡，研究生、大學生們跟著顧瑜君在社區裡默默「浸泡」著，學習不是「被誰教導學會」，而是從最小的事情中累積出的酸甜苦辣鹹中，所產生的理解與力量。

此外，顧瑜君從經營五味屋的經驗中察覺到，自己需要和做類似事情的人結盟，否則單打獨鬥會很快就想放棄；而且大人之間也要相互學習，彼此打氣鼓勵。而除了繼續開設社區參與的課程，顧瑜君也試圖和其他偏鄉的老師或社工合作，希望在台灣各個地區創造出能讓弱勢孩子安身立命的角落，她特別提到：「五味屋不是社會福利機構，反而比較像是革命黨，我們在思考的是，偏鄉的處境在台灣的社會裡，能否有些不一樣的發展呢？」

回到現場細微處

五味屋位於交通不便的鄉間角落，表面上看來，十足是間賠本做生意、不具競爭力的商店，然而事實上，它是一葉小小的方舟，承載著當地弱勢孩子的辛酸苦樂。

或許有人會問，偏鄉弱勢孩子的生存處境一如深黑的無底洞，把大學圍牆內師生們寶貴的時間、金錢、人力與精神投注在這裡，值得嗎？「老闆不在隨便賣」、「銀貨不兩訖」的經營原則，又如何在鄉村裡累積社會企業「自給自足」的條件？大學這個知識的殿堂，如何做到「向貧窮學習」與「向社區學習」？而偏遠鄉村的價值，又能因為五味屋的存在彰顯出多少？

五味屋的小老闆、志工們沒辦法直接回答這類抽象的提問，他們只會用發亮且誠摯的雙眼，直接邀請你到五味屋作客，聽他們讀書、陪他們玩耍，或是什麼也不做，就當個安靜的顧客，幫五味屋衝衝人氣也好。只要你願意走進來並用心感受，就能發現這個平凡屋舍裡的無言心意與神奇魅力。

【深度解說員】

五味屋，是個什麼樣的地方呢？

在這間社區二手公益商店裡，團隊夥伴的出發點是「就近陪伴花蓮鄉村弱勢孩童，讓孩子們有一個自由、歡樂成長的童年，讓青少年有個正當的場所學習自信與工作」。

五味屋從營運初始，便沒有太強烈的「助人意識」，只是有群大學師生願意利用假日到這裡陪伴孩子。營業初期，他們不知道孩子們是否願意來這種沒電腦、沒課程、沒有結構化學習的老房子裡，更遑論還要工作（整理物資、顧店），但孩子們不僅來了，還帶朋友來，一個牽一個，從原本十幾個孩子，到現在有二十幾位會穩定的常態出席。

為了讓孩子被「接住」，五味屋的大人並非如助人者、輔導者般試圖扭轉孩子現況，而是做一個靠近孩子且「溫柔的描摩與無盡的探問」的人。

【深度解說員】

五味屋的日常生活

許多師長看到孩子們在五味屋的樣子，很難相信這是他們所認識的，那個令人頭痛的孩子。他們問志工們這是怎麼做到的？志工團隊卻無法具體回答「做了什麼」，只能說原因可能是因為團隊一直在追求「不改變的改變」，他們並不把孩子當成「弱勢」或「問題孩子」，而是當作一家人，一起過著平凡平常的日子。

除了一起工作，學習如何整理物資、標價、上架等商店運作技能外，五味屋也漸漸發展出多元、生活化的學習模式，目前孩子們在五味屋參與的活動共分為「常態性」、「主題性」、「個別式」、「外展式」、「單元式」等五種類型，活動內容則從閱讀、攝影、繪畫、音樂、探索遊戲、體能到農業體驗都有。

才藝學習是孩子們意外促成的，項目包含鋼琴、吉他與即將展開的非洲鼓。五味屋的才藝學習目的不是讓孩子成為演奏者，而是從中獲得自信。

【深度解說員】

五味屋和社福機構哪裡不一樣

五味屋志工們在陪伴中，默默「接住」了孩子，讓孩子們感受到有一雙捧住他們的雙手。志工們所做的只是「到場」、「在一起」而已，有時孩子們會坐在大人身上撒嬌，有時會安靜閱讀，有時則一起工作。物資來了大家一起拆箱，一起接受驚喜或失望；客人來了，大家一起迎接讚美或承受挑剔。志工們做的就是這些平淡無奇的小事，然而，「不改變的改變」正是魔力所在。

從和弱勢孩子及其家長的相處碰撞裡，志工們幽微地學習到：每一個抉擇，如果是「對」的，它會幫助我們知道得更多、認識得更深，與所謂弱勢者的連結更強；如果做錯了，它會將我們和弱勢者的距離推得更遠、更接不上話、更有隔閡。在這裡，每件事情都小小的，無關乎什麼大口號，然而卻更需要細膩的心意，才能開啟「與貧窮／弱勢在一起」的餘裕及空間。

天送文物館的老時光

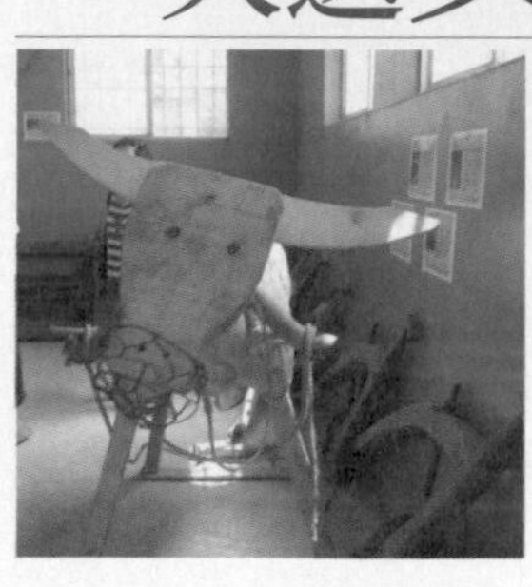

賴昭文老師的認識博物館課程

採訪撰文◎黃曉芳

課程時間：學年度上、下學期

課程名稱：認識博物館

任課教師：賴昭文（通識教育中心）

修課學生：上限80人

進行方式：認識國內外博物館實務、理論及相關觀念，探討國內外博物館相關議題，於期末戶外參訪博物館，並策畫「小小博物館」展覽

<運用多寶格概念設計的閩式紅眠床展示空間。

在東華大學附近的豐田小村裡，有一間平實的老農舍，門口掛著一方小小的「天送文物館」木製匾額。走進去一看，裡面陳列著各式各樣的古老農具，讓人彷彿一腳走進昔日農村的舊時光。

但仔細一聽，這兒的氣氛可一點都不老，空氣中洋溢著年輕人嘰嘰喳喳的笑聲。

「下次，請每個人準備五十個250cc的空鋁箔包，我要做成大灶的磚塊。」一個化學系男生認真地宣布。

「不到一個星期，要怎麼收集五十個鋁箔包啊？這樣會得糖尿病吧！」大家一聽都傻眼了，紛紛抗議。

「有了，後山社剛好要辦活動，可以去拜託他們買兩箱飲料……」

有人開始動腦想點子，無論如何，一定要收集到足夠的鋁箔包，讓爐灶模型順利進行。接下來，還要製作擺碗盤的櫥櫃、拉犁的農夫、穿蓑衣的稻草人，在牆上畫出田園風光，還有展示牌的插畫設計等等，工作可多著呢。大夥兒努力規劃進度，想讓這個靜態展示的農具文物館大變身，變得更活潑、更立體，更有互動的樂趣。

這群活力充沛的年輕人，是東華大學通識課程「認識博物館」的學生，來自不同科系的他們，除了看過紀錄片「無米樂」之外，對農事幾乎一無所知。透過這堂課，他們認識了草根又可愛的老農夫天送伯，在賴昭文老師的帶領下，捲起袖子、學以致用地參與文物館的改造，目的是讓那些年紀比他們還大的古老農具復活，將阿公阿嬤時代的農村歷史，介紹給年輕的一代。

連恐嚇也擋不住的熱門課

「認識博物館」這堂課非常熱門，賴昭文每年都會不斷「恐嚇」學生們這門課非常重，怕累的學生千萬不要修，然而即便如此，選課人數依舊年年爆滿，擋都擋不住。

在賴昭文的規劃中，這門課包含三個主要單元：「課堂授課」介紹國內外各異其趣的博物館，讓同學們認識策展、教育、典藏等各種博物館工作；「博物館參訪」由老師帶領，實地走訪台灣各地的特色博物館，特別是在社會參與工作上卓有成效的；「期末展覽」則要求同學們實際演練，執行一個小型策展以展現學習成果。

可以想見，「博物館參訪」是學生們最喜歡的部分，不但可以邊上課邊玩，到處趴趴走，而且透過老師的安排，還能接觸到館方的幕後人員，聽到一般參觀者不知道的精采故事。他們的行程包括國立故宮博物院、順益台灣原住民博物館、樹火紀念紙博物館、世界宗教博物館等，學生們也從這些博物館在社會參與上的用心，得到許多啟示和感動。

例如，順益台灣原住民博物館的「與部落結合特展系列」，每年會跟一個原住民部落合作，讓族人自己決定展覽主題、內容及呈現手法，目的是希望以部落為主體，讓族人的觀點與意見，透過博物館發聲。

又例如，樹火紀念紙博物館的社區藝術教育，是藉由說故事活動、廢紙回收再利用的創作課程等，將社區藝術教育與環境保護結合起來，進行另類的美感下鄉社區服務，最遠還曾前往蘭嶼的小學呢。由於館員的解說太精采，激發出同學們的青春熱血，大家紛紛發問，不肯離開，任憑助教一再催促，還是催不走搶著合照、趁隙發問的同學們。大家最難忘的是，原來這麼小的博物館，只要用心，也可以散發出這麼巨大的能量。

馬不停蹄的密集參訪活動結束後，在回程火車上，大家終於放鬆地坐下來，賴昭文原以為大家會累得沉入夢鄉，想不到許多同學還興奮地繼續討論，連助教都在認真思考下次的行程安排。賴昭文不禁偷偷欣慰著，因為就教學上來說，能夠引起同學對博物館工作的興趣，甚至有同學想回家鄉推動社區博物館，就是最大的回饋了。

無心插柳柳成蔭

2007年，在因緣際會之下，賴昭文帶著同學們來到學校附近的天送文物館，認識了可愛的天送伯，最後乾脆學以致用，把「社區參與」的概念與這門課結合在一起。

天送伯是典型的農村老人，三個孩子都已長大離家。他當了一輩子農夫，跟土地很親，身體硬朗、衣食無虞卻無比孤單，整天騎著腳踏車在寂靜的村子裡無所事事地閒晃。

有一次，天送伯無意間對在地的牛犁社區發展協會提到，家裡堆了很多老舊的農作器具，但現在的人都用不到，快失傳了；於是協會的人鼓勵天送伯把這些舊農具好好整理，讓社區的孩子們了解阿公、阿嬤走過的歲月，以及故鄉豐田的產業歷史。

心動不如馬上行動，牛犁社區發展協會帶著社區裡的「青少年服務隊」擔任助手，終於讓灰塵滿佈的老農具重見天日。1996年，一座小型文物館「天送文物館」就在天送伯家的倉庫間誕生了，模樣十分簡陋，剛開始甚至連個招牌都沒有，但社區裡的中小學很支持，常到這裡做戶外教學，七十二歲的天送伯有了生活重心，興高采烈地為孩子們講古。

有了這個展示基地，附近的老農們也陸續將各種農具捐獻過來。後來，參觀的人漸漸增加，連有線電視台都聞風前來報導，讓這個渾身充滿鄉土味、習慣打赤腳趴趴走、大聲說話大口抽菸的天送伯，從「阿伯」變成了「社區的老師」，他的臉上散發著開朗的光采，騎鐵馬的樣子也變得精神抖擻，元氣十足。

天送文物館外觀，後排中央長者即為天送伯。

2007年，當賴昭文帶學生們來到天送文物館時，有學生這樣描述：

「第一次來到天送文物館，裡面陳列了許多早期的農具、林木產業的工具，以及人們的生活器具。天送伯是唯一的導覽人員兼館長，老人家人很好，一一向我們這些都會年輕人解釋這個怎麼用、那個叫什麼，十足讓我們大開眼界。

由於整個館只有天送伯一人在維護，雖然偶爾有社區青年來幫忙，但館裡的展品有些已沾滿灰塵，更沒有所謂的路線規劃或設計，甚至也沒有說明牌或簡介。一進來，就只有天送伯熱心地跟大家『口述』，但這樣的效果並不好，遊客往往聽過就忘了，此外對天送伯來說也很耗氣力。」

從「博物館學」的眼光來看，這個土法煉鋼的一人文物館對社區有很大意義，也有很大的改善空間。賴昭文決定帶著一組同學「撩下去」，以兩週一次的造訪頻率，定期來這裡實作參與，以此作為期末報告的主題。

刻劃著另一種年輪的文物

學生們的第一步，就是清查造冊，分類整理，但沒想到，這項最基本、最簡單的工作，做起來卻一點也不容易。這群來自台灣各地的大學生，從沒碰過農田，面對琳瑯滿目的農作器具，就像看見無字天書，完全摸不著頭緒。

束手無策的大家，決定問天送伯最快！沒想到，在採訪天送伯、聽他講故事的過程中，又遇到了新的困難：許多閩南語的詞彙和用具名稱都聽不懂，大家只好努力惡補台語。此外，還有一些文物連天送伯也說不出所以然，於是大家又分頭找資料，上網、泡圖書館、訪問社區裡的其他老人，希望每樣器具都可以「驗明正身」。

好不容易完成了清查造冊的工作後，學生們依照文物的特性，決定將展示主題分為五大區塊：「農業用具」、「林、礦業用具」、「生活用具」、「竹編用具」及「個人收藏區」，每個區塊都訴說著豐富的生活故事，同時透過這些沉默的文物，學生們一步步走進豐田小村的歷史，貼近昔日的土地，認識了以農業與族群文化串接四季遞嬗的世界。

例如，豐田南邊有林田山林場（伐木業），同時也是「豐田玉」的生產地（礦業），而且附近的山區一度盛行採樟製腦（蒸油業），於是在「林、礦業用具」的展示區中，就有橫劈木材用的大剖刀、採礦用的礦火燈，還有削樟腦片用的彎鋤等等。

又例如豐田曾是日本在台灣設立的第二個移民村，社區裡的

天送伯熱情地向參觀民眾介紹舊時農具。

這些用具並不沉默，它們訴說的正是天送伯的人生故事。

房舍至今仍依稀留存著日本文化的遺跡；之後客家人和閩南人陸續遷入，接著阿美族原住民和外省新移民也來了，因此文物館裡的「生活用具」和「竹編用具」區裡，陳列著日式擂缽、原住民的竹背籃、客家竹漏杓、閩式紅眠床……時間流淌而過，各種族群的人們一一到來或離開，但歷史的痕跡，卻藉著文物保留下來。

在文物的身上，宛若刻畫著另一種「年輪」，好比在「農業用具區」裡，除了反映出平原地區的主要作物有稻米、甘蔗等之外，也能從農具漸漸由人力和牛力演變成電動機器，看見時代的演變。

對天送伯來說，這些用具並不沉默，它們訴說的正是他的人生故事。「這個鼓風車是我阿祖留下來的，這個搖籃是我兒子小時候睡過的，這塊背石板是我親手做的，這個紀念品是我出國觀光買回來的……」這些文物具體呈現了一個老農夫由工作到生活、從青春到耄耋的生命歷程，同時也展現了豐田社區近百年來的生活縮影。

新瓶舊酒大改造

原本賴昭文最擔心的是，通識課程的同學來自不同科系與年級，背景領域和成熟度落差大，該如何讓大家改變心態，願意走出教室、走進社區？沒想到，學生們投入參與工作後，居然一發不可收拾地停不下來，學期結束放暑假了，同學們依然習慣往文物館跑，等到開學了，又有一批新生加入，於是天送文物館就在年輕人的持續努力下，展現出新的風貌。

像是農具一開始只是排排站地平面擺放，後來工作小組加入3D展示的概念，原先無處安置的老照片被掛上了牆，分區標示跑到天花板上，地上則設計了動線引導的符號，透過三度空間的靈巧運用，小小的館舍忽然間活潑、開闊了起來；除此之外，一件文物還可以同時兼作展示櫃，例如天送伯收集來的大紅眠床，在運用多寶格的概念重新設計後，就變成了「個人收藏區」的展示空間。

工作小組還想到增加「情境式展覽」的點子，也就是把文物放回生活情境裡，讓展館更有氣氛。但是要怎麼展現「情境」呢？小組成員們反覆討論，最後決定為「農業用具區」製作一隻大牛，加上館中收藏的各式牛犁，藉此重現犁田耕作的情境，讓觀眾一眼就能明白文物的用途與用法。

另外，由於「生活用具區」大部分都是廚房用品，小組希望製作一個紅磚大灶作為展示台，最好再加上櫥櫃模型，用以重現

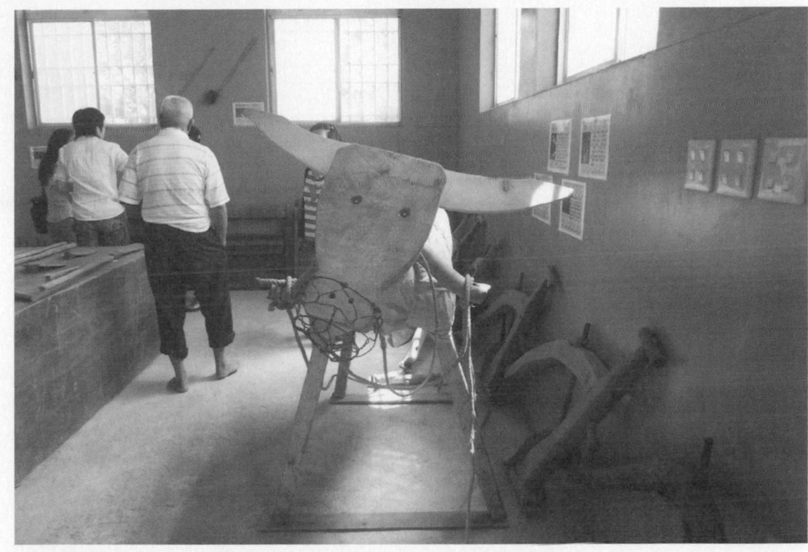

同學們費心製作的可愛耕牛。

同學們巧手改造，將3D展示的概念帶入天送文物館。

農家廚房的情境，所以大家就要分頭收集鋁箔包……

不止息的接力賽

從2007年開始，連續三年至今，工作小組已成為天送文物館裡不可或缺的一份子。2009年，一位剛加入的新同學興奮地描述自己的心情：

「現在的天送文物館已經有了路線規劃，展品也擺上標示和簡介。我是第三期才進來的新人，今天第一天上工，做的都是初步的工作，例如把一整個寒假堆積的灰塵擦乾淨，順便深入認識這些文物並熟悉它們。

這對我來說無疑是個最棒的工作，雖然灰塵真的很多，還有蜘蛛網和衣魚，但棒的是我可以把玩這些文物，打從我們都熟悉的大同電鍋、陶瓷碗盤，到我從未看過也叫不出名字的器具，全部被分類好地擺放著。我一樣一樣地玩，花了一整個早上才把桌子擦好，效率很低。（XD）

接著，老師指派我負責的工作是設計看板、解說牌和整體內部的設計，希望用最少的經費發揮最大的巧思。此外，老師也把上學期做的一隻實體牛交給我和小芬負責。

小昭老師希望我們回去後都能想一下，這個文物館還有哪些

牆壁上掛著年輕時的天送伯和其他具紀念性的照片。

地方可以改進？比如說可以規劃一個互動區，讓觀眾體驗以前的人是怎麼耕田的。那隻拉犁的牛就是一個很棒的構想，它營造出一個情境式的環境，讓文物館不只是一棟存放文物的建築，更能結合整個牛犁社區的環境，讓觀眾覺得與這些文物更加貼近，於是白色情人節那天下午，大家全都在做那隻牛，想盡辦法讓牠變胖，哈哈！」

做完了灶，小組又冒出新點子，想在單調的牆壁上畫出昔日的農村風光：穿簑衣的農夫、耕田的牛、稻草人、田園老樹，或許還可以畫上一個解說員，小孩子或小動物都行，讓他們以活潑的口吻對兒童觀眾進行解說。還有，也可以用抽籤對號的方式，讓參觀民眾找到相對應的解說牌，增加互動的趣味等等。

「我要趁著自己還是大學生，還有無限可能時，盡量磨練自己，不論是在課業上還是興趣上，再苦再累都沒關係，畢竟這些都是我喜歡，也是我想要的。加油！讓未來的自己在回味這一段時，喚起甜蜜的回憶吧！」

哇，學生們還真熱血啊！

賴昭文看著這些大孩子們的認真和投入，經常開玩笑地說：「這樣沒完沒了，要如何結案啊？」但她的心裡其實知道：擁抱生命這件事，是永遠無法結案的。「這是我們生命長河中的小小切片，記錄我們經過的、錯過的、付出的、獲得的、學習的……留下碰撞出的熱情，和終生投入的精神。」

大學生終究會畢業、離開，但希望這段經歷，可以鼓舞出學生心中的熱情；有的學生甚至立志畢業後要回到自己家鄉推動社區博物館，開始為此選修其他的文史課程。課程結束了，但開啟的，卻是學生們投入社會參與的可能性。

【實用小百科】

有趣又特別的博物館之旅

順益台灣原住民博物館：http://www.museum.org.tw/
樹火紙紀念博物館：http://www.suhopaper.org.tw/
世界宗教博物館：http://www.mwr.org.tw/
天送文物館：http://tsb0987.pixnet.net/blog

【一起來上課】

融入社會參與的「認識博物館」課程

課堂授課：加入「生態博物館與社區博物館」單元，並在講授「博物館教育」時，增加對博物館社會服務與教育推廣工作的介紹，讓所有同學對博物館的社會參與面向有更多的了解。

期末展覽：以學校附近壽豐鄉豐田社區的「天送文物館」為實踐社會參與的場域，讓有意願、有興趣走入社區的同學組成小組，以天送文物館作為期末展覽規畫執行的主題對象。

博物館參訪：加入各地區特色獨具的社區博物館，讓同學們在走訪大型博物館之餘，也能認識各種中小型社區博物館的可愛之處；並希望藉此打開大家的眼界，回頭關照自己家鄉社區裡乍看之下並不起眼的小小社區博物館；同時了解其中投入的熱情與傳達的精神，並啟動大家未來投入社會參與的可能性。

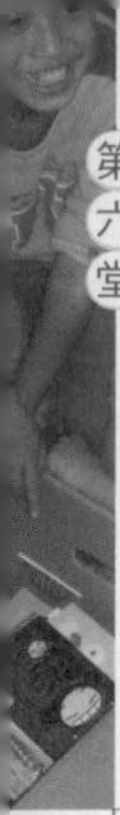

馬太鞍 部落書房

顧瑜君老師的社區創意行動方案

採訪撰文◎石佳儀

課程名稱：社區創意行動方案設計

授課教師：顧瑜君（自然資源與環境學系）

學生人數：80人

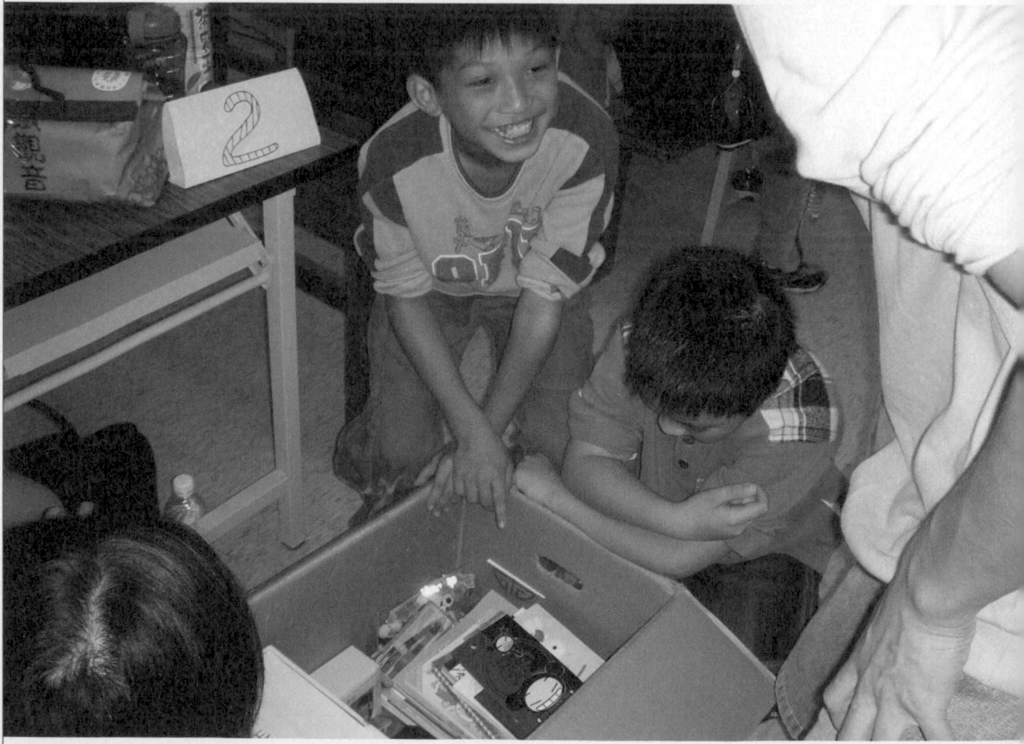

「建構部落書房，說起來是滿天真的想法：很希望有個地方能在下課後，讓這些隔代教養、家中沒有地方做功課、父母在外地忙於工作等，無法受到照顧的孩子們有個去處，功課上也有人可以協助輔導，讓孩子們過得充實，不會亂跑，並能安靜地多閱讀，開啟更寬闊的視野，改善文化不利的弱勢……」

2007年9月，花蓮光復鄉馬太鞍部落的馮先鳳老師，透過網路發起募書活動，希望各界捐贈二手童書，為部落孩子們成立一間屬於大家的書房。

馬太鞍部落位在光復火車站西側、馬錫山下的一片沼澤地附近，是一個民風純樸的阿美族社區。雖然近幾年來，生態旅遊風氣漸盛，馬太鞍的濕地生態成了知名景點，但部落中的孩子們並沒有從觀光產業獲得太多好處，教育資源仍舊十分缺乏。

馮先鳳在當地國小任教，對部落學童們的生活和教育困境非常了解。因為文化背景不同，現行學校教育能提供給原住民學童的成長養分並不多，熱心的她決定利用課後時間，陪伴弱勢孩子作功課，提升孩子們的學習能力。而學童們寫完作業以後，也可以透過課外讀物，來開啟對世界更寬廣的視野，改善部落學童文化不利的處境。

她決定將社區裡的閒置空間「大馬太鞍部落活動中心」重新

＜一箱箱滿的書籍開箱了，孩子們開心地微笑。

油漆整修，釘上書架與課桌椅，卻沒錢買書，於是她寫了一封信給認識的朋友們，歡迎大家捐贈舊書，送給部落孩子們。

熱心的朋友們很快就響應了。「阿土伯率先寄來五箱書，裡面有一半是童書，一半是給大人閱讀的。那時候書房還有些小工程還沒完工，所以我只拿二、三十本童書過去，孩子們立刻圍過來，七嘴八舌地問：『老師我功課寫完了，可以看書嗎？』」部落的孩子們擁有故事書並不多，看見圖文並茂的童書，每個孩子的眼睛都亮了起來。

在眾人熱心地網路轉寄下，一箱箱的書籍不斷從各地寄送過來。馮先鳳原本希望年底前可以募到兩千本書，沒想到才一個月，目標就達成了，而且還不斷有陌生人打電話來表達支持。原本空蕩蕩的空間，迅速堆滿各種書籍，讓馮先鳳既感動又煩惱。

來自大學的問候

十月初，東華大學自然資源與環境學系．環境政策與城鄉規劃組的顧瑜君老師主動和馮先鳳聯繫，關心募書狀況，以及是否需要幫忙。「顧老師說，她所知道的幾個公益單位的募書狀況都很慘烈，我才知道我很幸運，寄來的書都很完整，而且都是好書。和顧老師談了很久，我漸漸整理出腦子裡的想法：不能讓好書只留在馬太鞍，應該讓附近更偏遠的部落也能一起分享。」

收到的書越來越多，馮先鳳不敢喊累，因為承接了太多人的好意，一定要將這些堆積如山的書籍做最好的運用。於是，在部落小學教書的馮先鳳不斷和任教於大學的顧瑜君討論，一起激盪思考，如何讓這些捐贈書籍發揮更大的效益。

讓我們看書去

充滿創意的顧瑜君，提出了「讓我們『看』書去」的構想：這些從各界募集而來的圖書，可以有三種不同的「看」法。

第一種「看」，是閱讀，對象是這些來借書、看書的部落孩子和居民們；第二種「看」，是看顧，對象是管理、照顧這些書籍的人；第三種「看」，是探訪，也就是鼓勵各地的捐書者到馬太鞍部落來「看看」，看看他們捐的書到了哪裡、是誰在看這些書、這些書如何被運用，當捐贈者和受贈者因書而相遇，一定會激盪出更有意思的生命火花。

到了十月底，捐來的書已經超過五千本，且不斷增加中，馮先鳳一個人根本無法整理，部落裡也沒有圖書館的相關經驗可參考，她只好向顧瑜君求救。剛好，顧瑜君有一門課名為「社區創意行動方案設計」，目的是鼓勵大學生走進社區、參與社區，於

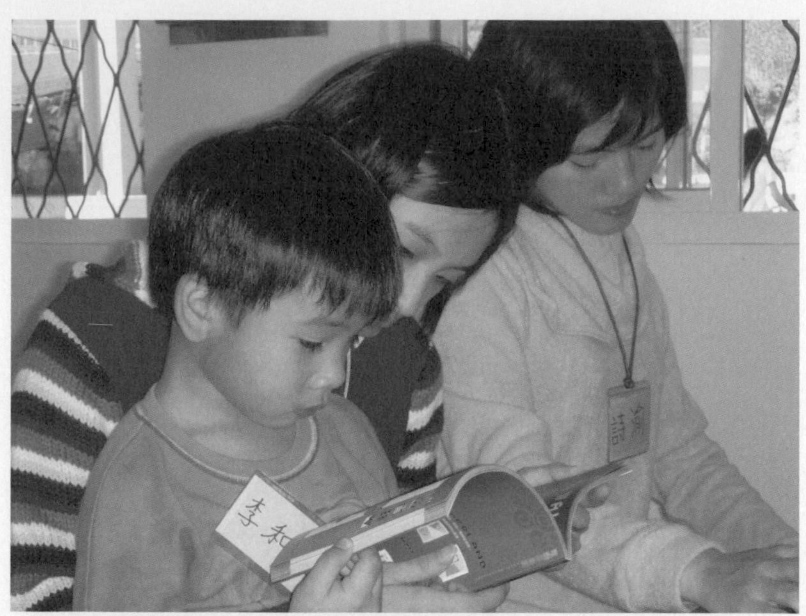

大學生志工先陪著孩子認識書籍，再進行書籍建檔。

共同完成配對工作，大學生志工先說明如何填寫捐物者資料，再教孩子於貼紙上記錄捐物者訊息。

是她決定找一個週末，以非正式課程的方式招募志工，舉辦為時一天的活動，以大學生與小學生配對的方式進行書籍資料建檔、上架工作，並「共同佈置」部落書房。其中，大學生扮演「協助孩子」的角色，而不是「替孩子完成」。

「這個方案表面上是為了解決眼前的實際問題，也就是將這六、七千多本書建檔、分門別類，然後陳列到適合的書架上；但它背後有個更重要的目標，就是建立起學童、大學生與書籍三者之間的關係。對學童而言，因為在大哥哥大姊姊的陪伴下一起整理和佈置，他們會對書房有參與感及歸屬感，也會更珍惜自己付出努力而打造出來的部落書房。對大學生而言，可以透過幫助書房建置的過程，獲得擔任志工、服務他人的正向經驗，同時也對部落產生關心與學習；而對這些書籍而言，它們也得到良好照顧且便於借閱，可以跟孩子和居民們更加親近。」顧瑜君說，任何參與社區的行動都不只是完成一件事而已，最重要的是透過參與的過程，讓參與行動的人產生學習、連結和改變。

愛心打字手

十一月初，顧瑜君帶領一群研究生團隊來到部落書房了解狀況，開始籌劃活動。首先，為了將七千多冊書籍建檔，搜尋了坊間各種的書籍管理軟體，最後由研究生徐偉軒自己開發了一套Excel管理系統，他來來回回與馮先鳳討論、測試，設計出部落能用、能管理的模式。此外，研究團隊還設計部落書房的貼紙，更將捐贈者的名字，貼於每本書內。

11月15日，東華大學網路上公布一則訊息：「徵求一日志工：愛心打字手」。報名的大學生相當踴躍，不到一個月時間，就招募到八十位志工願意參與。

雖然只是一天的活動，顧瑜君仍舉辦了正式的行前說明會。在培訓的過程中，除了部落文化介紹之外，研究團隊更強調，書籍整理的重點「不是把書籍資料輸入電腦」，而是啟發孩子們認識這本書，例如遇到國外作者的名字，大學生可以假裝不懂，問孩子這位作者的姓名怎麼念，或讓孩子們猜測作者的性別，或者引導孩子做判斷，看這本書要如何分類，從這些不經意的對話中，深化孩子們對這本書的認識，並獲得「這本書是我輸入的喔，我是這本書的專家」感受，並引以為傲。

耶誕節前夕，2007年12月23日早上九點，東華大學志工團搭著遊覽車來到馬太鞍部落活動中心，與光復國小學童們一起相見歡。此時贈書數量已高達八千多本，現場擠滿了大人、小孩與書本，熱鬧滾滾。

我讀你寫，孩子們說出書名、作者等，由大學生志工輸入電腦系統。

有些孩子想體驗資料輸入的工作，於是角色互換，大學生志工引導孩子操作軟體。

電腦總能吸引孩子的注意力，他們學習著輸入書籍資料，不僅孩子們專注，大學生志工更專注。

大家開始分組工作，一個小組包含4～5位志工與2～3位學童，並配有兩台筆記型電腦，總共分成十五小組，志工指導學童拆箱，在每本書的書背貼上部落書房的標籤，學童則翻找書頁，找出書名、作者等資料，然後告訴身旁的志工key in進電腦裡。人多好辦事，到了下午六點，八千多本書全部整理完畢並歸類上架，馬太鞍部落書房變得有模有樣，充滿書香，整齊又漂亮！

部落書房回禮

2008年五月，顧瑜君再度收到馮先鳳一封美好的求救信。

原來，台北市新生國小的家長和老師們，想發動孩子們捐書到部落。馮先鳳與對方聯繫時，提到了顧瑜君「讓我們看書去」的概念，這群熱心的家長與老師聽了很喜歡，於是引導孩子們捐書時要附上一封信，信中包括了自我介紹、這本書的內容，以及贈書的心情與感想等。

有了這封信，每一本書都變得更珍貴，因為這是台北市的孩子們以鄭重的心，贈送給部落學童的禮物。收到這批書讓馮先鳳很感動，於是她也想帶領部落的孩子們回禮給台北的小朋友，不過由於人手不夠，因此希望大學生們能再次出馬，引導部落孩子們一起來寫感謝信。

此時，顧瑜君的「社區創意行動方案設計」課程仍在進行著，於是她帶著修課同學們走出校園，再次來到部落書房。

在這一天的活動中，大學生以一對一或一對二的方式，帶領部落孩子們分頭閱讀這批來自新生國小的贈書，讀完之後，還要製作一張感謝卡。有了上次跟孩子們一起整理書籍的經驗，這次大學生們預先準備了蠟筆、文具和可愛小物，鼓勵孩子們在謝卡上畫圖、裝飾，用心地做。馮老師說，這些謝卡好有創意、好精采，害她「差點捨不得寄出去」。

不只是兩天

馬太鞍部落書房的成立，表面上東華大學的同學們只參與兩次活動，但大學與社區的關係，並不僅是短暫活動的連結而已。馮先鳳的初衷是想透過閱讀，開啟部落學童認識世界的視野，而顧瑜君則更進一步地思考，大學如何幫助地方開拓與連結閱讀資源？所以她積極地為在地的老師、閱讀志工與故事媽媽們，辦理各種培訓課程。

成立花蓮「愛的書庫」正是另一個成功的例子。閱讀文化基金會在台灣各地推動設立愛的書庫，但花蓮因為幅員廣大，交通不便，推行七年卻遲遲無法順利設置。顧瑜君決定率先在東華大

「給你的信」，孩子們學習到捐書不只是書本而已，而是透過書本的流動，促成彼此的連結。

學設立一個「基地」，協助花蓮其他地區日後設置，於是她和研究生團隊研議出一份完整的營運計畫，提交給閱讀文化基金會，除了表明東華大學確實能整合資源、師資、硬體設備和社區等各方資源，還向新竹貨運爭取到義務運送書箱的公益服務，讓偏遠地區老師們不必長途跋涉地借書還書。

提出營運計畫後，不僅七日內就完成連署門檻，經費的籌措也非常迅速。花蓮「愛的書庫」順利成立後，除了舉辦各種閱讀研習課程，還邀請台北故事媽媽來分享經驗。書庫運作上了軌道，顧瑜君又與花蓮縣內「焦點三百——國民小學兒童閱讀推動計畫」巡迴書箱進行資源整合，以義務運送的公益模式，讓書箱在花蓮縣內各中小學順利流通。這些行動，早已超出大學制式課程的範圍，具體發揮了服務社區的意義。

透過一日愛心打字手、陪孩子閱讀故事書、製作感謝卡及設立愛的書庫，大學生們成為參與部落書房建置過程的一份子，這些有機的經驗將成為難忘的記憶，而這正是「社區創意行動方案設計」的課程目的，讓學生們除了在校園內的課堂上學習之外，也能在走進社區的過程中，慢慢地了解什麼是一個社區？社區如何形成？社區裡人與人之間的關係如何維繫？自己如何慢慢融入這個社區？透過創意行動方案的設計、規劃與實際參與，學生們

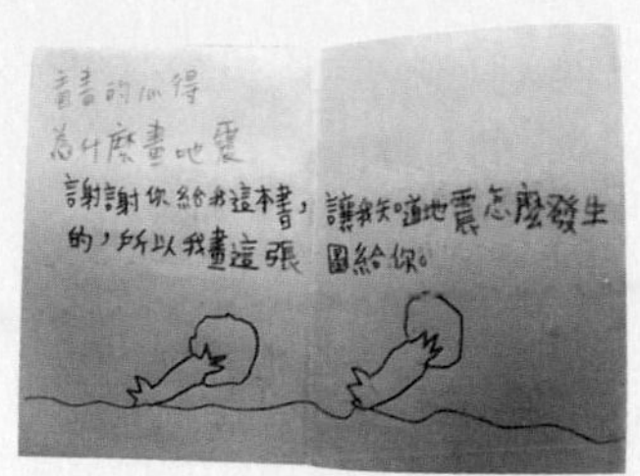

收到書籍的孩子，將閱讀後的心情寫在卡片上，讓贈書者了解自己的書送到哪裡去了，做了什麼。

的收穫將會更豐富且深刻。

顧瑜君認為，「社區感」必須靠社區的人共同「活出來」，身為花蓮在地的一所大學，東華大學也是社區的一份子，因此在附近社區的成長和發展過程中也不會缺席，將一同帶動整體社區的提升和改變！

【深度解說員】

了解什麼是馬太鞍和愛的書庫

▼馬太鞍部落名的由來

「馬太鞍」是昔日附近河床遍生的一種樹豆，過去阿美族人遠行時常攜帶它作為乾糧，馬太鞍部落便因這項地方特產而得名。

▼愛的書庫

九二一地震後，一群熱心教育的人士及企業成立「台灣閱讀文化基金會」，以免費提供書籍、建立「愛的書庫」的方式，在各鄉鎮推展中小學生閱讀活動。不同於其他書籍募捐活動，「愛的書庫」設計是以「書箱」為單位供使用者申請借出，一個書箱中有相同的四十冊書，當老師與志工們在班上說故事、引導閱讀時，每個孩子都可以人手一本地享受翻閱的樂趣，增加探索文字與圖片內涵的驚奇，這種「眾樂樂」的閱讀方式，可減少教室內學童被忽略的角落。

2007年11月底，東華大學圖書館及師資培育中心積極策畫，向台灣閱讀文化基金會爭取成立花蓮地區第一個「愛的書庫」。2008年初，一百箱共四千冊書籍，開始透過花蓮愛的書庫流通於花蓮縣內中小學。

【實用小百科】

焦點三百和社區創意行動方案設計課程

▼焦點三百

教育部為落實兒童閱讀計畫及縮小城鄉落差，自2005年起推動「焦點三百——國民小學兒童閱讀推動計畫」，選定三百所文化資源不足的國小推動閱讀計畫，逐年投入人力與資源，提升閱讀風氣以及學生的語文能力。

▼社區創意行動方案設計課程

授課的顧瑜君老師透過講授社區概念、學生分組、活動設計、師生上課討論的方式，讓學生在實作過程中慢慢了解：什麼是一個社區、社區如何形成、社區中的事物、人與人之間關係如何維繫，並從自己如何慢慢融入這個社區的過程，更仔細地感受到自己和自己所立足的土地的變化。顧瑜君認為，這個課程要建立的不僅是東華大學對花蓮的歸屬感，更要開展一種地域和人文結合的大學風格。

走進風災現場，與孩子真誠相遇

劉志如老師的危機輔導課

採訪撰文◎黃曉芳

課程時間：2009年9月～2010年1月

課程名稱：危機輔導（碩二以上選修）

任課教師：劉志如（諮商與臨床心理學系）

修課學生：8人，老師稱為「不怕死八人組」

進行方式：每週四早上坐火車到台東，週五再搭火車回花蓮，每週於課堂上進行督導三小時

2009年8月8日，莫拉克風災重創台灣，台東山區部落受災慘重。花東地區的心理諮商界立刻成立救援小組，趕赴災區協助創傷輔導。

長期參與社區心理服務工作的劉志如老師，也是其中的一員。他決定針對諮商與臨床心理學研究所碩士班的二年級學生，臨時增開一門「危機輔導」課程，並且寫了一封長信，規定學生

必須仔細看完這封信，仔細三思後再選課，因為這門課要進入災區服務，怕累的人千萬不要修。

根據劉志如估計，包括行前準備、搭火車、現場輔導活動、後續的課堂討論、督導、反省、寫工作紀錄等，選修學生平均每週至少要投入三天的時間，如此持續一學期，直到隔年一月放寒假為止，光是時間和體力的付出就跟一般課程截然不同，真的會很累，絕對是不輕鬆也不營養的辛苦學分。

然而熱心的研究生們還是不斷聚集而來。八月底選完課後，名單上出現了「不怕死八人組」，此時距離正式開學還有一個月，但救災不能等待，劉志如馬上為這批學生展開二十個小時的「行前集訓」。

諮臨所的研究生們多少已念過一些心理輔導理論，但這次要親臨災區現場，與剛經歷創傷的人們面對面，學生們對此是又興奮又緊張。集訓課程包括了創傷輔導理論、文化敏感度等相關訓練，例如，當對方拒絕協助時怎麼辦，以及如何在原住民部落展現尊重等。

九月一日，劉志如帶領不怕死八人組，搭了三個小時火車，來到受創最重的台東太麻里，開始針對國小學童進行陪伴與輔導工作。

用聊天來破冰

研究生們沒有太多實務經驗，災區的情況又一片混亂，百廢待舉，因此劉志如告訴同學們：「到了現場，不必預設太多，先看看可以做什麼，邊走邊學邊看。」他甚至開玩笑地說，學生們只要「呆呆地進入，認真地聽創傷者說話」就夠了，這反而是在創傷初期最好的處理方式。

雖然經過行前集訓，但學生們進入現場時還是手忙腳亂。他們沒想到的是，即便對象是學齡中的孩子，竟也碰上語言不通的處境。

「我跟小朋友聊天，他不斷地說 ：『我姆姆帶我們怎麼樣怎麼樣……』我問他，姆姆是誰？他說姆姆就是姆姆啊，我只好開始亂猜。這個經驗讓我思考著，好像有必要學一下他們的語言，才能跟他們變得更靠近。」

進入原住民部落服務，學生們多少都帶著自身的想像或憧憬，雖然在現場看到狼藉的悲傷與混亂，但孩子們的天真樂觀，也讓這些學生們眼睛一亮。

「跟小朋友們聊一聊之後，他們忽然說要唱歌給我們聽，我們就說好啊，然後全班就一起唱原住民的歌，有人唱第一部，有人唱第二部，有人主唱，也有人拍著桌子伴奏，每個人都很自然地一起表演這首歌。當下我們驚訝地發現，原來他們這麼活潑，才第一次見面，他們就用這樣美好的方式來歡迎我們，雖然我們聽不懂歌曲的內容。」

結束初次的見面後，研究生們興致勃勃地回到學校，開始規劃一整個學期的「災後安心輔導課程」，為下週的見面做準備。沒想到，這群熱心的研究生很快就發現，現場充滿了各種挑戰，跟想像中的理想情況完全不一樣。

「面對小朋友時，到底我是大姊姊？是輔導老師？還是諮商員？」一位學生苦惱地說，她連最根本的自我定位，以及該扮演什麼角色都拿捏不定。出發前，她用心設計了許多可以帶領小朋友一起玩的活動，到了現場卻發現根本行不通，而孩子們拋出來的種種問題，她也不知道要如何解決。她覺得很挫折，「卡住」了。

從劉志如的角度來看，挫敗是學習的必經過程。在和老師討論之後，這名學生才慢慢轉換心態，把自己定位為一個陪伴者：

「我想變成一個關懷他、陪伴他的人，也就是大姊姊的角色，而不是一直想去處理他的創傷、挖掘他的心理狀態，整天跟他談論不舒服情緒的諮商專家。」

不再急於要「輔導」對方，學生們就可以放下專業包袱，放鬆地跟孩子們相處。原先設計的活動玩不起來，孩子說要去河邊看看，研究生便陪著一起去，兩人一邊走一邊聊，關係反而瞬間拉近了。

「以前會覺得諮商就是要在密閉的空間裡進行，才有隱私性和安全感；到了這裡卻發現，在戶外聊天更自然，可以看到他們的生活、日常接觸的東西，聽他們沿途跟你介紹，告訴你很多故事，感覺更容易貼近他們。」

「在諮商室裡，要用很多技巧才能達到的破冰效果，卻在這樣的生活場域中自然產生了。」劉志如笑著說。

孩子的反應，磨練學生們的知性與感性

助人工作者還容易有種「希望看到自己努力的成效」的心態，所以研究生們帶活動的時候，總是很關心孩子們乖不乖、是否安靜認真上課，藉以評估自己做得好不好。如果孩子們不專心、吵鬧搗蛋，或者對活動沒興趣，學生們就感到無比挫折；但從旁觀察的劉志如卻發現，其實孩子們很期待每週大哥哥、大姊姊前來上課的時間。

於是，劉志如一再提醒學生們，不僅要調整自己的心態，也要調整看孩子的眼光。輔導並不是只在上課活動中進行，孩子們

偶然談到的夢境、自發的遊戲、日常生活的情緒穩定度，都是衡量孩子心理狀況的指標。

「下課時，一群孩子蹲在地上，很自然地開始玩沙。他們一邊加水、堆沙、塑沙，一邊開始講故事，說這是哪一座橋、這是誰家的房子，風災的時候發生了哪些事情，然後橋被沖斷了……」

聽到這一段觀察報告，劉志如非常高興：「孩子們用自己的方式，進行敘說和自我療癒。」他說，輔導最好的方式，就是善用自發的療癒能量，並融入在地文化的復原力。

面對無情的天災，孩子有自己的表達方式，但有些無言的舉動卻讓這些心軟的大哥哥、大姊姊們，經常忍不住紅了眼眶。

「上繪畫課的時候，一個孩子不斷畫他的家，然後又不斷把它整個抹掉，接著又一直寫『家』這個字，寫了好幾次……當下我不知道要怎麼處理，後來，督導問我剛剛發生什麼事，我在講的時候其實已經快要哭出來了，那種悲傷的感覺，讓我覺得快爆開來了……」

身為未來的助人工作者，學生們努力地想了解孩子的世界，在短短幾個月時間裡，認真地陪伴他們；而孩子們的各種反應，也不斷挑戰著學生們的知性與感性能力。

例如，風災過後有段時間，村民們只要看到下雨，還是會忍不住擔心害怕，然而一個孩子卻說自己晚上會作惡夢，但聽到下雨聲卻一點也不怕，這讓研究生們感到很困惑。

「作惡夢是他的創傷症狀嗎？還是小孩子的正常現象？他是用開心的口氣在描述惡夢，好像沒有太多恐懼，那麼這些惡夢有沒有特殊的意義？我真的不知道。」

在現場遇見的種種困惑，迫使研究生們努力用功，充實更多專業知識，以免在孩子們的面前漏氣。

保持自由和彈性，見招拆招

其實，光是每週四坐火車下台東，隔天回來後寫紀錄、接受老師督導，設計下週課程，然後再次坐火車南下，一次、兩次……從九月初到隔年的一月中旬，同學們這份堅持的心意，已讓劉志如非常欣慰。

而對學生們來說，能夠堅持下去的動力，常是孩子們給予的有形或無形的回饋。

「有一次我邀請孩子們成為森林裡面的一個部分，可能是石頭啊、大樹啊、小鳥等等的，此外也讓他們想一想，自己可以為森林貢獻什麼？提供什麼能量給森林？這其實有點抽象，但他們竟然都說出來了，而且說得很好，讓我很驚喜。

在那次活動之後，原本一直惹麻煩的其中一個孩子，變得比較願意表達，而且越來越能說，會主動說很多話，連其他的孩子也漸漸可以直接談一些比較心裡面的想法。」

孩子們在進步，研究生們也在進步，變得比較有彈性。

「有次我帶著孩子們玩木頭人，他們玩膩了，就自己改遊戲，改成搭火車，有人扮演火車，有人自動排排站，伸手搭成一座山洞。這時候如果再堅持繼續玩木頭人，感覺有點蠢，於是我乾脆順勢跟著他們一起玩搭火車，沒想到玩得很開心。

後來我們一起討論這件事，大家都覺得那時正是改變的開始，我們變得比較會正視孩子的獨特性，彈性地做出調整。如果當時我們堅持那節課一定要玩木頭人，下節課一定要在教室帶繪畫團體，某些真實的東西很可能不會浮現。」

劉志如覺得這群學生的自由與彈性是很大的優點，他們很快就學到了，跟孩子相處沒有固定公式，只能見招拆招。有位學生提到他的個案很調皮、坐不住，不肯來上課，只想到外面玩：

「然後我就真的陪他玩，先跑操場一圈，然後又跑去打籃球，反正那一天的過程就像在上體育課，可是我覺得他好開心又好興奮。

學期快結束了，最後幾次上課他都有過來，而且沒想到他竟然還特別畫了卡片給我，上面還寫著他不是故意不乖，老師不要生氣。我覺得他雖然一邊調皮搗蛋，一邊還是有偷偷地聽我們到底在幹麼，而我們講的一些話，他好像也有聽進去。」

讓我們真誠相遇

每週一次的輔導活動，認真說起來，能做的事其實不多，因此一個學期下來，學生們都覺得「自己好像沒有做什麼」，因為每個人都還有其他的課業，有時一坐上火車就已經很累了，還要硬撐起精神，想著「待會兒要怎麼帶團體」？但學生們也清楚地知道，面對孩子是不能缺席的，連生病、請假的資格都沒有，一旦決定進入災區就是許下一個承諾，就算再忙再累，也要繼續下去。

學生們不敢喊累的另一個重要原因，就是看到老師其實更累。劉志如提出這個課程計畫，不論在時間、心力、經費上，都非常ㄍㄧㄥ，他說，每週八個人的火車票，來回一趟就要五千元，加上食宿的花費，補助款根本不夠支付，所以整個服務計畫最大的困難不在於專業部分，而在於如何讓學生們順利到達現場，使服務得以進行。

不過這一切的辛苦還是值得的，經過一個學期的磨練，學生們學到了寶貴的經驗，除了可以忍受挫折和模糊，比較有信心去面對不確定的事，他們也變得比較靈活有彈性。一位學生在期末報告上說：

「做服務學習反而讓我更謙卑，覺得真正要感謝的，是願意讓我服務的族群。」

還有學生說：

「很多人是不會去淌這渾水的，但看到老師在壓力這麼大的情況下，還帶著我們一群人下去災區，我希望自己以後也是一個願意淌渾水的人。」

這次的災區服務經驗，讓學生們重新思考從事諮商輔導的涵義，再次確立了在諮商工作中，必須帶著「有心而為的一份熱情」，才能夠把吃苦當作吃補，面對種種挫折仍甘之如飴。孩子們的天真笑容、在陪伴過程中所體會到的感動，以及團隊間同進同出、同甘共苦的那份革命情感，都讓他們非常難忘。

學期結束，「任務」告一段落後，學生們突然感到十分不捨和失落，不必再每週奔波勞累，大家還真不習慣呢！那麼老師呢？劉志如笑道：「這是臨時增開的課程，下學期不開了。」不過，諮臨所的學生早晚都要走進社區服務，今日所有的學習，都是明日成熟的養分，期許這「不怕死八人組」帶著這次的豐盛收穫，繼續朝向助人工作的理想邁進。

【一起來上課】

「危機輔導」的課程設計

一、創傷輔導： 何謂創傷壓力症候群（PDSD）？
兒童典型的創傷症狀反應
危機／創傷事件三級處理
危機介入階段和步驟

二、文化敏感度： 何謂多元文化？
文化的特質和要素
文化與身心健康
文化敏感度培養

【實用小百科】

有興趣可以找來看的參考書目

- 《危機處理與創傷治療》鄔佩麗，學富文化，2008年
- 《搶救心理創傷：從危機現場到心靈重建》黃龍杰，張老師文化，2008年
- 《解放校園行動筆記》台灣性別平等教育協會，女書文化，2007年
- 《多元文化教育（二版）》譚光鼎、劉美慧、游美惠，高等教育，2010年
- 《台灣原住民教育：社會學的想像》范麗娟，雙葉書廊，2010年

孩子，讓我陪你長大

李維倫老師的南華認輔計畫

採訪撰文◎吳明鴻

活動時間：每週一次，每次一小時（由認輔員與認輔學童約定固定的時間）

活動名稱：南華認輔計畫

帶領教師：李維倫（諮商與臨床心理學系）

參與學生：每年約12個學生從事個別認輔，另有20多名學生從事團體性的籃球認輔及羽球認輔。（多為大學三、四年級學生）

進行方式：大學生探望認輔學童，每週一次，每次一小時，持續一年，形式不拘，可打球、捏陶、聊天、畫畫等。

週二的正午時分，校園裡鐘聲悠然響起，位於花蓮吉安的南華國小教室中，瀰漫著飯菜香、食物的咀嚼聲與碗盤筷子的碰撞聲，孩子們享受午餐的悠閒時光，一派輕鬆。

在眾多狼吞虎嚥的孩子中，唯獨小韋一直跑來跑去。老師問他為什麼不吃飯，小韋兩眼發亮說：「等一下我的大哥哥要來啊！」

小韋口中的大哥哥，是東華大學諮臨系的大學生，他們在每週二下午來學校，與特定的孩子進行「認輔」。

果然，下午一點過後，小小的校園裡突然熱鬧起來：籃球場上，大學生帶著小學生衝過來又衝過去，「Good job！」、「漂亮！」、「好球！」的吆喝聲此起彼落；另一頭有人在打羽球，大人小孩都流了滿身汗，氣喘吁吁。再轉個頭，有大學生陪小朋友坐在沙坑裡玩沙、有人在盪鞦韆、在地上拼圖、畫畫；走到陶藝教室，只見大學生一邊陪孩子捏陶，一邊談笑，而學校後面的圍牆邊，一個孩子安靜地在樹林中漫步，手上玩弄著幸運草，一個大學生則無聲地在後頭陪伴跟隨。

這就是傳說中的「東華日」。這個認輔計畫從2004年至今，已經走過七個年頭。原本只是諮臨系李維倫老師一個單純的念頭，沒想到，「認輔」工作卻像一顆種子默默成長，在大學生和小學生心裡，開出一朵朵溫暖的小花。

有老師想為孩子們做些什麼

南華國小位於中央山脈腳下，身處花蓮吉安的邊陲地帶，校地原是種畜改良場的放牧用地，由於曾是木瓜溪流過的河床石礫，土質不利農耕。學區內多半是原住民學生，家長的社經地位普遍不高，生活不易，有很多家庭在養育孩子上出現問題。

2004年，李維倫聽朋友談起，南華國小有幾位熱心老師想為弱勢學生們多做點什麼，而這份心意後來發酵擴大，召喚了許多的助力來到南華國小，李維倫就是其中之一，他當時想著若有機會可以一起幫忙，那就來「湊熱鬧」。

機會很快就來了。有一次，南華國小舉辦「探索教育」活動，但有四個學生似乎特別愛搗蛋，讓活動無法順利進行，學校老師只好向東華大學的李維倫求救，希望派幾個大學生來把這幾個孩子帶開，以免妨礙大團體。

接到求救消息的李維倫，立刻找了四名值得信任的大三學生，告訴他們：「學校希望我們去babysitting（當褓姆）這四個學生，但我們要做得『更多』！」於是，一次偶然的陪伴轉變為持續一整年的承諾。大學生們自願擔任認輔員，每週騎車到南華國小陪伴孩子一個小時，他們沒有薪水、沒有學分、沒有任何好處，但大家卻甘之如飴，至今已超過七年。

信守約定，承諾一整年的陪伴

對南華認輔工作，李維倫的要求很簡單，只有兩個原則：「承諾」和「在一起」。

「承諾」就是信守對孩子的約定，每週一定準時出現，持續一年。

「你們跟孩子說要去，就一定要去。」李維倫說，在這些弱勢孩子的生命經驗中，大人多半是無法守信的，口頭承諾宛如紙片一般毫無重量，他們早已學會不要對大人懷抱期望；然而，如果認輔員每週固定出現，隨著時間的累積，這份約定便會對孩子顯露出意義。

他以《小王子》中狐狸的話，說明「遵守時間」的重要。狐狸對小王子說：「每次，請你同一時間來。假如你下午四點鐘來，從三點鐘開始，我就開始覺得幸福。時間越接近，我越覺得幸福。四點鐘一到，我早已坐立不安！……但如果你不定期出現，我將不曉得什麼時候做心理準備。」

透過大學生規律性的出現，孩子的生活可以根據「你來的日

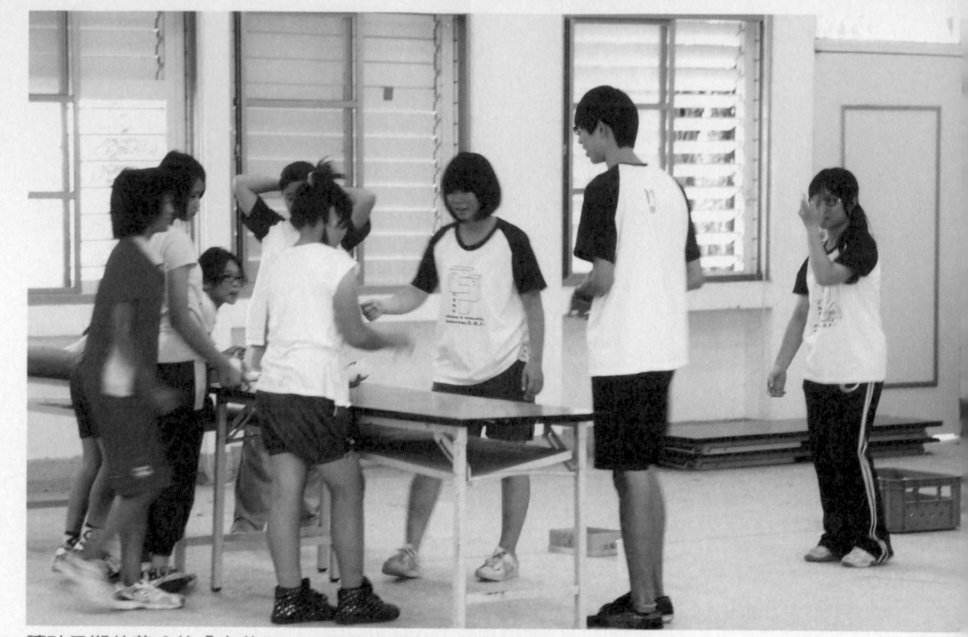

讓孩子期待萬分的「東華日」，認輔員與孩子們開心地玩在一起。

子」和「不是你來的日子」做出劃分，這讓孩子可以放心地給出期待。然而，一整年的承諾，談何容易？

某個認輔日的早晨，曉珊身體不舒服，另一位認輔員明如趕緊向李維倫報告。老師建議她：「妳去買張卡片，讓曉珊寫些話、簽名，再把卡片帶到學校去。」大姊姊沒來，孩子難免感到期盼落空，但寫卡片這個動作讓孩子知道自己是被重視的，表示「我很在意你的心情，也在意你對我的期待」。

當明如將卡片交給孩子時，他若無其事地接過，接著便一溜煙地躲到樓梯角落去看。果然，孩子是在意的，不過讓人啼笑皆非的是，孩子雖然念到三年級，國字卻沒識得幾個，他苦惱地研究了老半天還是看不懂，只好拿出卡片拜託別人幫忙，才讀懂了大姊姊的心意。

這個非正式的認輔活動原本僅會持續一年，沒想到第二

陪伴者傳送小卡，在陪伴中建立起彼此的信任度。

年，不只學校希望繼續下去，也有新的大學生願意加入，結果演變至今，從2004年持續到現在。每一年，當大學生們興沖沖地報名參與認輔計畫，李維倫總會針對承諾的重要性「恐嚇」他們：「如果你對孩子失約，老實說也不會怎樣，因為有太多人對這些孩子都是這樣，這些孩子早已學會不把大人的話當真，因此也不差你一個。但如果你一直來，孩子們會感受，或許我有什麼特別之處，讓你願意來我身邊。」

但讓李維倫驚訝的是，幾年下來，一批又一批的認輔員居然都信守承諾，做到了整整一年的陪伴。「我們常說這一代的大學生是草莓族，其實是做老師的我們沒有找對方法引導他們，讓他們經驗到自己是可以承擔責任的。」這對身為導師的李維倫來說，是很重要的發現。

在一起：看到孩子的生命處境

第二個原則「在一起」， 是要努力看見孩子的世界，靠近他或她。李維倫要大學生們思考：「這個孩子是活在校園裡，還是活在叢林裡？或者活在一座荒島上？到底，他是怎麼活著的？」

有個小男孩安安，總是三句話不離殭屍：「我最喜歡看殭屍片了，我好想跟殭屍玩喔。」但認輔員小真很怕鬼，她覺得這孩子很詭異，甚至後來還有點害怕。

直到做了家庭訪問，小真才知道，安安的爸爸過世後，媽媽因為經濟考量與一位鄰人同居。新爸爸的孫女寧寧跟安安是同學，但現在輩分亂掉了，寧寧該叫安安「哥哥」還是「叔叔」呢？於是兩人的關係變得很尷尬，而且兩人同年紀，有時難免爭吵，寄人籬下的媽媽常需要「打小孩給人家看」。小真了解之後，才開始體會到安安是活在怎樣的世界。

李維倫提醒小真：「安安喜歡殭屍，意思可能是他很希望爸爸復活，可以再跟他一起玩。」後來小真才知道，爸爸生前非常疼安安，爸爸去世之後，媽媽原本會帶安安去墳前上香，可是後來媽媽的身體出了問題，有鄰居揣測說是爸爸的鬼魂在作祟，從此媽媽便不敢再上墳祭拜。

知道這些事之後，小真問安安：「你要不要寫卡片給爸爸？」安安高興地點頭。可是他功課很爛，幾乎不會寫字，於是小真一字一句地教他，好不容易終於協助安安完成了生平第一封信，而且還是注音符號和國字穿插使用。此後，安安開始認真地學寫字，因為他想繼續寫信給天上的爸爸。

安安的故事蘊含了一個很重要的觀點：「孩子處在哪個地方？他朝著哪個方向前進？只要我們跟著這個方向，他就會產生學習的動力。」

李維倫說，南華認輔還有一個學習重點，就是要讓大學生們「損龜」。在還沒有跟孩子相遇前，大學生常依憑對弱勢孩子的想像，幻想自己要如何幫助他們、改變他們。尤其諮臨系是一個培養助人工作者的系所，學生們也都覺得自己應該去「輔導」這些孩子，但這些想像根本行不通，因為到了現場，孩子會不斷挑戰你、嚇你、鬧你，看到你驚慌生氣的表情就很得意，而你想「讓孩子回到常軌」的想法完全失靈……對此，認輔員通常會滿心挫折、茫然無助。堂堂的大學生，竟輕易就被小學生打敗。

然而李維倫卻認為，損龜是必要的，因為損龜之後，才會真正地「看見」。

正由於損龜經驗十分慘痛，過去許多相似的「大手攜小手」計畫中的大學生常因為挫折而「中輟」，但南華認輔計畫的大學生認輔員卻必須信守承諾，咬牙撐完一年，不能離開。然而，真正的祕密就在這裡：不離開，只好等待，經過漫長與不耐的等待之後，有一天，孩子會突然讓你看見一些原先料想不到的事情，這時，改變才會真正地開始。

如同苗苗認輔的一位遭受虐待的女孩小馨，她對苗苗忽冷忽熱，不只會大發脾氣，甚至會攻擊苗苗。當她抓起一隻壁虎並看見苗苗面露驚惶時，她竟把壁虎撕成兩半，向苗苗丟去！也因此，任誰都能想像苗苗待在小馨身邊的壓力與困難。然而有一天，小馨問苗苗：「妳知道如果妳沒有來，我會怎麼樣嗎？」就在苗苗不知要如何回答時，小馨說了讓苗苗驚訝的答案：「我會更可憐。」這樣的自問自答，讓苗苗開始看見這名風暴女孩的渴望。

籃球認輔：在孩子有力量的地方與他們相遇

南華認輔計畫的認輔員以女性居多，小學生卻個個體力充沛。孩子很喜歡玩球，踢起足球來嚇死人，女大學生卻是軟腳蝦，最喜歡坐著聊天談話，到最後只好演變成一種另類約定「我陪你打球幾分鐘，你跟我談話幾分鐘」，每次都在那兒拉拉扯扯。

有一屆的諮臨系學生很愛打球，系隊還拿到東部籃球聯賽冠軍，但系上老師們對這群學生的印象是「打球一條龍，上課一條蟲」，因為成天瘋練球，讓這些學生上課無精打采。李維倫聽見學生獲得冠軍，他知道這不是件容易的事，其中必然有許多的挫折、努力與堅持，於是在參與認輔學生的提議下，他邀請這支系隊去教小學生打籃球。果然，效果出奇地好，孩子們對這群大哥哥簡直像英雄般地崇拜，完全臣服。

接著，他進一步邀請這些男同學擔任認輔員，心想，他們幾個人感情好，默契佳，團隊能量很高，用籃球來帶領孩子，不也算是另類的「助人專業」？

沒錯。「在孩子有力量的地方跟他們在一起」，所以透過孩子喜歡的籃球，能藉機教導他們關於團結、努力、接受挫折等的運動員精神價值，而且「我這些愛打球的大學生也可以走出一條另類的助人之路，這也是他們有力量的地方」，於是，透過籃球認輔的因緣，讓兩股旺盛的能量相互匯聚、彼此成就對方。

既然是以籃球來做認輔，就不只是一般的打球而已，重點不再是投籃得分，所有參與跑位、助攻、掩護動作的孩子都應該得到喝采，從中強調團隊和合作的意義。因此，每到星期二的籃球認輔，球場上總是充滿了此起彼落的叫喊：「Good job!」、「好，很好～」、「喔！很棒！」李維倫強調，這樣的回饋要一直給、一直給，讓所有孩子都感受到自己的努力有被看見。

孩子用他的苦難在教導我們

南華認輔能延續這麼多年，其中一個重要的因素是「鬆散」。李維倫很肯定地說：「學生一定會搞砸的，但沒關係，我們還有下一次，還有下一週。」如果沒有犯錯的空間，大學生一定做不下去，因為壓力太大了，所以老師要鼓勵學生：「你這次做錯了，不過下星期可以修正，一年的時間還很長，慢慢來！」

因此對李維倫來說，台灣教育中追求正確與害怕錯誤的心態，是妨礙大學生學習與堅持承諾的最大障礙。

而另一個重要的因素，是李維倫告訴大學生：「這些孩子以他們與生俱來的苦難，來教我們怎麼跟他們在一起。」

一般人可能以為：「你們去幫孩子，好有愛心喔！」但李維倫卻說：「不，是這些孩子在教我們。」他們比我們苦，是的；他們也同時在教我們，是的——儘管這聽來很弔詭。

有個孩子大勇，從小學三年級開始接受認輔。他爸爸對媽媽家暴，身為長子的他對爸爸非常憤怒；但進入國中後，他卻做出把弟弟打到住院的舉動。現在他被機構安置了，對這樣的孩子，「南華認輔」能否產生成效或幫助呢？

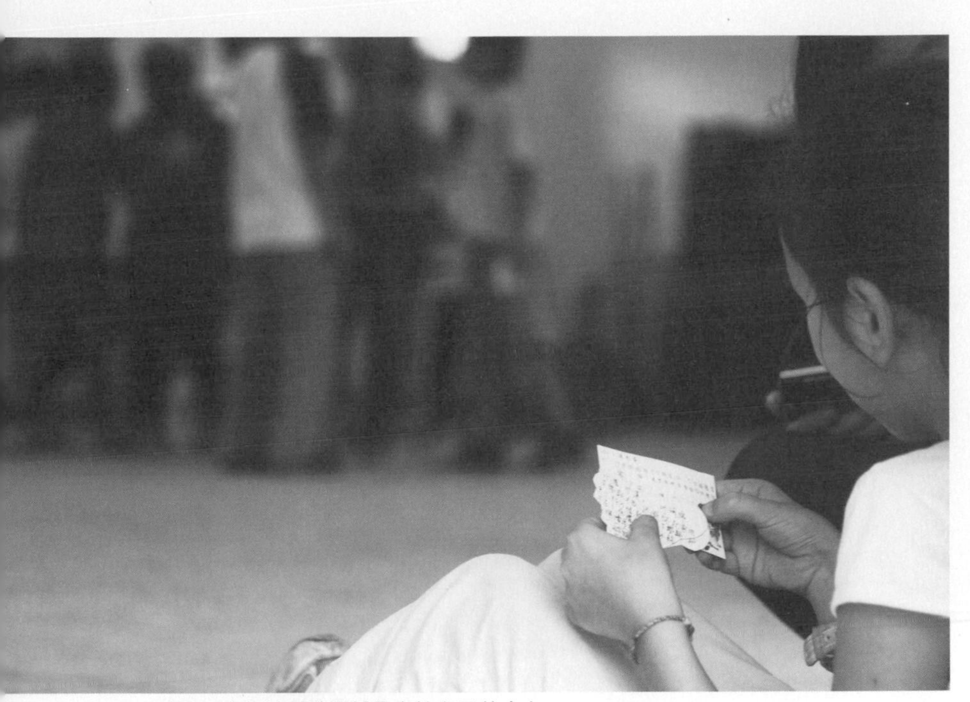

孩子正專心地看著認輔員寫給自己的小卡。

李維倫說，這件事情很複雜。這樣的孩子，當他把弟弟打得頭破血流時，他在想什麼？他對施暴的爸爸如此厭惡，但暴力的血液是不是也在他身上流動著？對老師和大學生而言，已經進行七年的認輔，是否能為這些孩子帶來改變？

面對這些疑問，誰也無法給出肯定的答案，然而李維倫知道，若要以「有效與否」來評斷南華認輔計畫，絕對無法延續七年；同樣地，大學生們若想以「有效與否」來支撐自己，一定會很失望。此外，孩子的生命處境是這樣艱難，我們如何能以「有效用」來誇言自己呢？

在一年前的「南華認輔回娘家」的活動中，第一位認輔大勇的學生回到南華與大勇相見，他對大勇說：「你長大了。」大勇回答：「而且我沒有變壞。」我們無法否定大勇心中曾有溫和與善良經驗，即使他後來讓自己與他人感到失望；我們也無法肯定，大勇心中曾有的溫暖經驗，是否會在他生命的某個時刻，安慰他並使他平安。

唯一可以確定的是，大學生是收穫最大的人，他們在「成為助人者」的路上獲得了珍貴的經驗。原來，南華認輔的真相不是「我來認輔你，造成了你的改變」，而是「我來認輔你，我得到了改變」。

學生願意學習，老師只好一直教下去

這麼多年下來，李維倫很誠實地說真的很累，他萌生過好幾次停止、打退堂鼓的念頭，因為大學生在認輔工作上一定會碰到許多問題和困難，所以老師得透過一次次的討論來帶領、鼓舞他們，非常花時間。

然而讓這個活動持續下來的，不是偉大的「使命」或「愛心」，而是每年總有要升大三的學生跑來：「老師，我要參加南華認輔！」李維倫說，當學生願意學習時，老師怎麼能拒絕？於是他一年又一年地被學生推著往前走。

那麼，大學生們為什麼要做這件事呢？既沒有學分、沒有成績和任何收益，而且還得付出那麼多心力，甚至過程中還會遭遇許多壓力、無助及挫折，究竟是為了什麼，大學生願意主動爭取參與的機會？

對此，李維倫認為在參與的過程中，一定有個「珍貴的東西」被體會到了：當大學生與這些孩子面對面近距離接觸時，他們所「領受」到的生命衝擊，呼喚著大學生們「自投羅網」，也逼得老師只好跟隨。南華認輔真正的動力，正是來自這個無以名之的，神祕又神聖的心靈地帶。

你在做一件高貴的事情

每年的認輔任務結束時，李維倫都會頒給認輔員一張「南華計畫參與證明書」。

南華計畫參與證明書

Certificate of Participation in Nan-Hwa Project

「南華計畫」是東華大學諮商與臨床心理學系，與花蓮縣南華國民小學合作進行的弱勢學童認輔方案。自九十三學年度起，參與計畫的東華大學學生每週花費一小時於固定時段，前往南華國小與學童進行一對一的陪伴認輔，持續進行至少一年，沒有任何報酬與學分。此認輔的最重要原則是「承諾」與「在一起」：「承諾」指的是信守對學童所說的、一定在約定的時間出現；「在一起」指的是努力去看到他／她的世界，去靠近他／她的身旁。

他們的投入為同世代的大學生定義了堅定、謙卑、服務與關懷的精神及行為。

○○○同學於九十○學年度參與南華計畫，投入為期一年的陪伴認輔、接受督導、撰寫日誌、完成個案報告。其間經歷模糊、挫折、懷疑，但仍堅持承諾，為其服務的學童帶來穩定與一致的關係經驗，也讓南華的孩子引導著他進入助人工作的根源。

李維倫說：「我的學生們可能很平凡，可是他們卻花了一年的時間，做了一件高貴的事情；他們可能不真的清楚自己做了什麼，所以我每學期末一定要親口說給他們知道，我會把證明書上的文字完整地念一遍，我要告訴他們：『你們所做的，是平凡卻noble（高貴）的一件事！』」

【一起來上課】

「南華認輔計畫」實施流程

〔階段一〕前置作業

時間：每年下學期末，與上學期初

流程：1. 大學生認輔員招募會議：決定未來進入國小的大學生認輔員，主要招募對象為即將升上大三的學生。

2. 與南華國小聯繫：提供參加認輔的總人數給南華國小，以便學校能在學期末開始著手評估哪些國小學生需加入認輔。

3. 認輔行前說明會：給予新手認輔員建議，例如認輔觀念的培養、心態的建立等，同時發放認輔手冊。

4. 認輔期初聯合會議：在學期初時進行認輔員與學校提供個案的配對會議，出席人員包括國小合作計畫負責人、個案導師、大學生認輔員等。

〔階段二〕進行認輔

時間：每週一次，每次一小時。

流程：1. 固定時間：由認輔員與認輔學童自行約定固定時間會面，每週一次，每次一小時。

2. 日誌與督導：在每週認輔完之後，每個認輔員需撰寫日誌，並接受督導。

3. 看到學童的世界：在認輔期中觀察認輔學童，以及認輔學童與週遭的互動。

4. 家庭訪視：完成家庭訪視，並與導師討論等。

〔階段三〕期末工作報告與個案討論會

時間：每學期期末

流程：1. 學童個案報告：認輔員完成學期末的個案報告。

2. 個案討論會：召開學期末個案討論會議。

3. 檢討會議：討論個案是否繼續認輔，以及一整學期合作模式需改進之處。

閉上眼睛，跟盲人朋友一起聽電影

李真文老師的生命與人權教育課

採訪撰文◎黃曉芳

課程時間：學年度上、下學期

課程名稱：生命教育／人權教育

任課教師：李真文（師資培育中心）

修課學生：18～22人不等

進行方式：全班分配組別，包括解說、劇本、記錄、企宣、推廣、網路或採訪，為視障朋友製作一部可以用聽的電影

看電影，不稀奇；「聽」電影，這就特別了。這一次，主辦單位邀請眾人閉上眼睛，戴上眼罩，以耳朵聆聽電影中的場景畫面和曲折的情節。

自2008年開始，李真文老師就帶著一群「生命教育」（上學期）與「人權教育」（下學期）課程的學生，每學期舉辦一場「聆聲電影」活動。為了讓觀眾可以「聽」電影，同學們可是忙了一整個學期呢！他們必須化身成「說」電影的人，把電影中出現的每一個畫面、每一個動作，用口述的方式說出來；碰到對白的部分，更要化身為劇中人物，將表情和情緒融入聲音中，讓聽者能夠分辨明白。

光是把這些鉅細靡遺的畫面寫成劇本，就已經夠累人，還要加上錄音、配音的操作流程，真是讓人忙翻天了；但是同學們卻忙得很起勁，樂此不疲，因為這份口述電影資料可以造福更多盲人朋友，讓他們也能跟一般人一樣，享受到欣賞電影的樂趣。

蒙上眼睛行走，體會盲人的處境

生命教育的範圍包羅萬象，為何特別鎖定盲人為對象呢？李真文說，這完全是個偶然的機緣，而且是從同學們開始的。

「2007年下學期，在『生命與人權教育』的課堂上，有位全盲的學生也來修課。當我在課堂上放映電影時，由於他看不到影像，所以無法了解內容，我只好請同組的同學私下說明給他聽。同學們很用心，把電影裡的所有動作和畫面都逐一講解，並且錄音下來，搭配影片播放。」

到了學期末，該組同學的期末報告即是「聆聲電影」的雛形，以視障學生參與且滿足他想看電影的需求，在課堂上向全班同學發表，讓大家非常感動。李真文覺得這種「以口述影像的方式，用聲音重現電影的世界」是個很好的點子，可以將一份全班投入的學期作業，化為幫助盲人朋友的具體行動，因此決定將它作為日後「生命教育」與「人權教育」課程的主軸。

要學會尊重不同的生命，最重要的就是同理心。為了讓同學們可以同理盲人朋友的處境，學期一開始，除了閱讀身心障礙者的生命故事、邀請盲人朋友與同學們面對面接觸、分享外，同學們還必須把眼睛蒙住，親身體會盲人生活的處境。

「這學期上了生命教育這門課，從一開始蒙眼罩體驗盲人的行走，我就覺得這樣的生活真的很辛苦，但我相信盲人朋友們應該不希望大家用悲憫的眼光看待他們，雖然他們確實辛苦很多，有些地方也需要他人協助，但我覺得我們在幫忙時，沒必要認定他們的人生很悲慘。若我們抱持著這樣的態度，只會加諸更多的負面情緒在他們身上，所以看待視障朋友們只需跟看待平常人的方式一樣，然後適時給予協助便足夠了。」

「接觸視障朋友之後，我更能了解他們的辛苦，他們所做的努力是我們的好幾百倍吧！在以前的學校裡也有一個視障的同學，雖然他的雙眼看不到，但他並沒有怨天尤人，反而做了一些令我們驚訝的事情，像是一個視障學生要怎麼演奏樂器？但我在他的身上找到了答案，沒有什麼事情是不可能的，就看有沒有心要做而已。所以我覺得他比我們一般人活得更有價值，換作是我，我絕對怨天尤人，對人生保持悲觀的態度！既然父母生給我們一個健全的身體，我們該好好發揮自己的優點，為社會做出貢獻，綻放出生命的花朵。」

接下來，就要展開「口述電影」的準備工作。同學們選定一部電影之後，開始分組：劇本組負責把整部電影翻譯成文字，包括影像畫面與各種動作，這是第一步的前置作業。解說組負責配音工作，這組同學的參與最為熱烈，也投入了最多的人力，大家利用課餘時間閱讀，並修改劇本、進行配音與後製等工作。記錄組負責正式與非正式的書面、影像記錄，拍攝各組工作情形，並進行同學的訪談剪輯。企宣組負責企劃期末的電影欣賞活動，包括宣傳、聯繫與場地佈置等。推廣組負責與盲人福利相關的資

學生們正在進行電影的配音錄製工程。

訊收集、撰寫及統整，並張貼於網頁上，而網路組負責網頁的規劃與管理。

業餘配音員，NG連連

配音是一種聲音的演出，對這些非影視科班的大學生來說，是非常陌生的初體驗，所以李真文特別邀請藝術與設計學系的廖慶華老師前來指導，因他曾有過在電台錄製廣播劇的經驗，具備專業的配音技巧；至於簡易的剪接技巧，則找以前修過課的學長來協助教導。於是，就在陽春且基本的培訓後，同學們硬著頭皮上場了。

學校裡沒有專業的錄音設備，同學們只好找間安靜的教室，架起一支麥克風，一人拿著一份劇本，跟著投影幕上的電影節奏，開始同步錄音。

這一次，他們要配的是動作片「神鬼傳奇二」，負責旁白一的同學率先站到麥克風前，開始念稿：「五千年前，有一位驍勇善戰的男人，立志要征服全·世·界（音句拉長），他就是魔蠍大帝。……就在魔蠍大帝取得勝利的一剎那，死神取走了他的靈魂，地獄軍隊也化為塵土，唯一留下的痕跡只剩魔蠍大帝手腕上的死神之鐲。」

大家都全神貫注地認真「聽」電影。

緊接著換上旁白二，他將音調壓低，帶點神祕感：「1933年，埃及，某處不知名的古墓深處有個神祕的東西，正緩緩移向古墓裡的探險者，那探險者不是別人，正是久違不見的歐・肯・納（音句拉長）。機警的歐肯納聽見周圍有動靜，旋即拔出腰間的手槍……他慢慢地撥開陳年的蜘，蛛網（NG，忍住笑），並且揮舞火把，照亮前方……」

很快地，角色加上旁白已經有五個人，大家快速又安靜地在麥克風前走位，除了要確保收音清晰，還要避免撞到彼此。

艾佛琳：歐肯納！

歐肯納：艾佛琳！

旁白二：強納森拉住了歐肯納，後面還有一部車，車上的紅衫兵拿著機關槍快速地掃射他們，他們只能眼睜睜看著兩部車揚長而去。

艾力克：爸！

旁白二：歐肯納擔心地抱起艾力克。

歐肯納：你沒事吧？

艾力克：我沒事。

旁白二：歐肯納隨即放下艾力克。

阿德貝：歐肯納……

旁白二：阿德貝還沒說完，已經被歐肯納揪住。……

就這樣，一群大學生花了好幾倍的時間，完成了這部總共74分30秒的動作電影。他們不但要注意角色個性，把各種情緒透過聲音傳達出來，還要做出音效，「正緩緩移向古墓裡」要發出一點腳步聲，搭配陰森的音樂，而「揮舞火把以照亮前方」要有揮動火把的聲音，此外，他們還要把電影裡原有的配樂和音效，分秒不差地融入聲音的演出。

可以想見，這些業餘配音員的錄音過程不可能一氣呵成，當然經常NG「出槌」的啦。每次一NG就要重錄，大家還統計每個人的NG次數，看誰的舌頭最會打結，榮登「不輪轉」榜首。

而導演李真文老師有時也要兼任配音員，跟同學們一起忙碌。配音工作完成後，學生們將成果剪輯成正式版和NG版，正式版要配合電影放映，NG版當然是保留、紀念用囉，「對他們來說，正式版代表成就感，NG版則是共同參與的記憶。」李真文笑著說。

閉上眼，用心看電影

接下來，就是學期末的發表會了。同學們邀請花蓮縣盲人福利協進會的盲人朋友們前來「檢驗」成果，同時也邀請校內師生們一同來體驗「聽」電影的感受。企宣組同學製作了傳單和海報，張貼在校園內和網路上：

「黑暗中聽見～神鬼傳奇～

這是一個邀請，一場給視障朋友與明眼人的體驗之旅！

視障朋友來享受一場看電影的感覺！

一般朋友來體驗一種聽電影的新鮮！

歡迎您來，與我們一同～閉上眼，用心看電影～」

電影開演，李真文也跟大家一樣坐在觀眾席上，戴上眼罩，用耳朵傾聽電影的聲音，但他又不時得將眼罩褪下，張望四周觀眾的動靜：「整場電影聽下來，不會覺得沉悶，偶爾還能領略出一種轉譯後的幽默，感受得出同學們用心配音的巧思（當然，也聽出幾個發錯音的字，忍不住想糾正）。旁白在幾個段子中不敵電影音效的巨響，此外，因為有許多人分飾兩角，聲音轉換不明顯，容易讓人聽著聽著，便混淆了誰是誰；要在黑暗中憑聲辨人，或許該在對白開始前報上大名，好讓聽眾知道來者何人……」

雖然有這些不完美的小瑕疵，電影放映結束時，觀眾們仍以熱烈掌聲回報同學們的辛苦，尤其是盲人朋友們又高興又感謝，有人說，自從失明後就沒有再「看」過電影，更有人從不曾看過

電影。

而觀賞的同學們也在過程中，獲得滿滿的收穫。

「這學期讓我印象最深刻的體驗活動莫過於聆聲電影。由於眼睛看不見，因此聽覺變得非常敏感，我就像和視障朋友同在一般，用耳朵仔細聆聽每個片段的故事，而且更能體會到為什麼一點點過大的音量，對他們來說都會有放大的感受。所幸錄製效果非常成功，讓我們像是身歷其境般，可以一同進入電影故事中。

後來李老師請視障朋友分享聽後心得，當他們起身走到講台前，雖然置身在不熟悉的環境，但他們還是很信任我們的帶領，

戴上眼罩，直接感受盲友「聽」電影的體驗。

一步一步地跨到最後一階，然後充滿自信地發表看法。這讓我有個很大的感觸，明眼的我們在一個陌生環境裡，尚且無法這麼地信任他人，可是視障朋友們卻毫不遲疑地就這麼做了，他們的勇氣和自信散發出不一樣的光芒，這是我們可以學習的！」

口述電影資料庫，希望更多人參與

李真文說，目前的盲人藝文資料庫以電子書和有聲書為主，電影資料很少，所以他希望透過這個有趣的學期作業，讓其他單位能模仿並複製，如此「口述電影資料庫」才可能快速累積作品數。

「我們一個學期錄製一部口述電影，十年也才錄二十部，速度太慢了。我希望可以發展出一個簡單經濟的模式，讓更多人一起參與。我們並沒有使用專業的錄音設備，只是用一般的手提電腦和麥克風，在安靜的房間就可以錄音，所以無論是一般的學生社團，或是我們的學生畢業後當老師，想帶班上同學回來嘗試，隨時都可以做。」

此外，李真文還帶領學生開闢了「聆聲，電影」部落格，除了提供電影劇本外，還連結了視障相關機構和資訊，包括視障體育、相關法令、醫療科技、導盲犬、教學訓練、人物誌等，同時

他也在思考如何與特教系合作，進行資源整合。

「以前，我會威脅學生：『我這門課很重喔！』先把一些學生嚇跑。」李真文說，光是劇本組，以一部九十分鐘的電影來看，僅僅只是一人分配十五分鐘的長度就需要六個人負責，每位同學要摘錄場景描述、劇情介紹、修改對話、標註上幾分幾秒，這些可得花上不少的時間與功夫。完成後的劇本可能厚達四十頁，交給解說組後，練習配音、作剪接也要花上好幾天，而其他組也一樣，必須投入許多心力做準備。

後來他才發現，嚇跑學生並沒有好處，因為學生們在付出的同時，也會得到很多收穫，例如有位同學認真地為老師打氣：「老師，要堅持下去喔！這是很有意義的！」還有一位同學畢業後到小學實習，班上剛好有視障的學生，他想起當初在課堂上所學的一切，因此份外感謝這段經驗讓他更了解視障生的世界，也更懂得如何跟那位學生相處。

所以每一次，當李真文覺得課程負擔過重，開始思考是否繼續這門課時，這些回饋就會在心裡響起。不過，從長遠來看，李真文認為要累積口述電影資料庫，最好的辦法是獨立發展成社團，甚至成立協會並廣納志工參與，如此才有傳承性，也比較有能力推廣活動，舉辦更多場的聽電影體驗，甚至還可以往中小學扎根，為視障小朋友錄製卡通影片。

無論如何，李真文和歷屆學生們已踏出了珍貴的第一步，正如他在電影放映會後，所寫下的一段話：

「看一部電影，不難！聽一部電影，卻機會難得！這個體驗活動並未完全結束，它開啟了另一個更艱巨、遠大的任務，這意謂著日後我們能以今日的行動為基礎，打造更多、更好的聽覺電影給視障朋友們！

在此，我亦特別感謝共同傳此福音的所有修課同學，因為你們的參與，讓這個實踐行動得以成真，而整個世界也因為這個行動而變得更加光亮、美好了！」

「聆聲～電影」部落格
http://blog.xuite.net/listenmovie/advantage

週末來逛小農市集

蔡建福老師與花蓮好事集

採訪撰文◎黃曉芳

課程時間：2010.12.04起，每週六進行

指導教師：蔡建福（自然資源與環境學系）

進行方式：到花蓮好事集擔任志工等

週六早上，一對年輕夫妻手牽手，提著環保袋，悠閒地晃進了花蓮鐵道文化園區。今天這裡有「花蓮好事集」的擺攤活動，他們每走到一個攤位前，都駐足和老闆聊天，好像遇見老朋友一樣，而他們的提袋裡也陸續裝進了新鮮的蔬果、梅醋、豆腐和手工肥皂，最後高興地滿載而歸。

好事集就位在花蓮鐵道文化園區裡的一角，在裡面可以看到不同的好事在裡頭發生。

不只是他們，每個走進這裡的顧客，不論大人或小孩，都可以感受到親切的互動和活力。這裡沒有喧譁的叫賣聲，每個攤位老闆的臉上都掛著質樸的笑容，中午大家還會開伙煮飯一起吃，彷彿是個大家庭。

「花蓮好事集」是一個以有機農產品為主的假日市集活動，來這裡擺攤位的，都是熱愛土地、有心推廣健康耕種法的在地小農，除了販賣有機蔬果和農產品，各個友好單位也來參一腳湊熱鬧，例如豐田的五味屋二手商店、新象社區交流協會的「說故事專車」、黎明教養院的手工餅乾與手工藝品展示、花手巾植物染DIY體驗、創意氣球DIY、手工書製作、料理教學、音樂表演、有機生活講座等，讓這個小農市集又多樣化又好玩。

花蓮好事集於2010年12月4日開幕，短短不到一年，卻已成為花蓮人的假日好去處，連觀光客都聞風而來，而最重要的兩位幕後推手，一位是花蓮縣農業處專員許志銘先生，另一位則是目前於東華大學任教的蔡建福老師。官方與學界的密切合作，為有機農業創造了一個充滿在地特色的豐富舞台。

有機小農聚集，推展友善農業

近年來，花蓮的無毒農業打出了名號，有機耕種面積是全台之冠，然而在農產品的銷售上卻缺乏有效管道。從2009年開始，許志銘就積極地帶著花蓮農戶到台北的有機市集參展，來自花蓮的農產品數量雖不多，但種類非常豐富，無論是生鮮的蔬果、雞蛋、肉類，或有機加工品如茶葉、稻米、金針、梅子等，都讓台北的消費者為之驚豔。

但是，長途跋涉參展的效益，在扣掉運費、交通和人力成本後，其實是非常不划算的；唯一的好處是讓這些生性質樸的有機農戶們，學習到了擺攤參展、和消費者面對面溝通的寶貴經驗。

在此同時，長期關心花蓮鄉村發展的蔡建福，與同樣在東華大學任教的顧瑜君老師、熱心推動花蓮自然環境教育的廖美菊老師、關注部落營造的顏嘉成老師等四人，也受到台中合樸小農市集的激勵，每次碰面時，都不斷討論成立「花蓮農夫市集」的可能性。

2010年10月，舊酒廠文化園區舉辦「原聲音樂節」，邀請農戶們前往擺攤；蔡建福、許志銘藉此機會聚在一起，並和農戶們交流激盪，於是「花蓮好事集」的概念就此誕生。

不同於其他地區的農夫市集以農產品銷售為主，花蓮好事集從一開始就擁有更大的企圖心和視野。蔡建福帶著一批大學生與研究生團隊，邀請有理念的有機小農和文化工作者共同參與，創

小朋友們正與消費者介紹鳳林出產的南瓜。

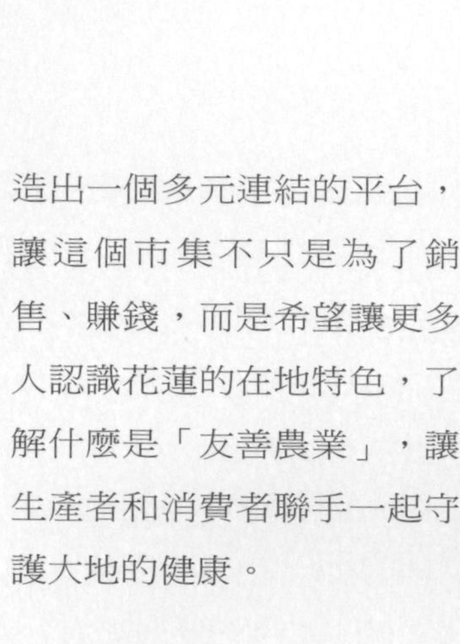

造出一個多元連結的平台，讓這個市集不只是為了銷售、賺錢，而是希望讓更多人認識花蓮的在地特色，了解什麼是「友善農業」，讓生產者和消費者聯手一起守護大地的健康。

農夫和消費者交朋友，健康食材有保障

說到「好事集」的名稱由來，也很有趣。12月4日開幕當天，有個「為市集命名」的活動，幾個小農一起腦力激盪，在小黑板上寫出不同的名字並熱烈票選，最後「好事集」奪魁勝出。

「一開始看到『好事集』，還以為寫錯字了，等回到家裡，安靜下來才發現，哇，選這個名字真是高明！這裡不只是農產品市集，還有好多活動，像五味屋、黎明教養院都是一開始就參與其中的夥伴，這麼多的好事聚集在一起，取名『好事集』真的非常貼切！」

蔡建福說，好事集有個重要的特色，就是讓消費者和農民「面對面交朋友」，因此除了市集外，還會不時舉辦戶外參訪活

不只買農產品、加工品，好事集也交換物品。

動，邀請消費者到有機農家作客並親自走進田地參觀，了解農夫的實際工作狀況，建立彼此之間的信任感；而農戶也可以提供土壤、水質與農作物的檢測結果，作為信任的輔助機制。

「為什麼要面對面？因為，曾幾何時，農業不再是全民運動了。根據農委會的資料，民國五十年代，台灣有50%的農業人口，那時大家多半吃自己生產的食物，多餘的就拿到市場去賣，或分送給鄰居親友；但現在，農業人口降到10%，也就是由少數人生產大家的食物，甚至更多的食物是千里迢迢地從國外進口，我們根本不知道自己吃下了什麼。」

好事集聚集了許多有理念的好農戶，例如瑞穗有機果樹班的柑橘、五百戶農場的有機蔬菜、四季耕讀園的自然米、遠古農莊的秀明農法蔬果、味萬田的豆漿和豆腐製品、稻香農園的有機豆苗與菊苣、星月花園的花草盆栽、誠懇草堂的甜酒釀與桔醬等，有人每個週末從瑞穗、玉里、鳳林開車到花蓮市擺攤，除了販售產品，更願意分享有機耕作的甘苦，以及自己堅持實踐的理念。

這些小農採取自然農法，除了不灑農藥、化肥外，還有一項特色，就是同時在一塊農地內種植不同的作物，藉以抑制病蟲害問題，因此農戶栽種的農作物種類雖然多樣，但產量卻不是很多。

當消費者和農夫交上朋友，便能互相支持、鼓勵，農夫提供健康的食物回饋顧客，顧客則透過消費支持農夫的生計。「面對面」的安排，讓現代社會中匿名的、來源不明的食物減到最少，也讓食物風險降到最低，而且少了中間盤商的剝削，小農民也可以得到更多的實質利益，支持他們繼續堅持以自然農法耕作，產生更多健康的好食物。

此外，蔡建福與許志銘也同時提到，有許多花蓮市場裡的生鮮蔬果是從西部運送過來的，但花蓮生產的農產品卻一車車地送往北部、西部販售。這種「食物移動」所消耗的「食物里程」，間接造成了環保問題，而推動「花蓮好事集」也是一種「支持在地生產食材」的環保實踐。

趴趴走的行動派學者，為鄉村尋找綠色出路

蔡建福雖然身在學界，但是對許多花蓮社區來說，他卻是一位到處趴趴走的良師益友，從鳳林的生質能源產業、玉里的精神療癒產業、黑暗部落的無電生態旅遊到好事集的籌劃連繫，幾乎每個創意計畫案的背後都有他的參與和協助。

雖然2002年才到花蓮教書，但他對鄉村發展和有機農業的關心，卻早從十幾年前就開始萌芽了。蔡建福說自己原本也是農家子弟，小時候常下田幫忙，但是隨著鄉村的沒落，原本生機盎然的田地逐漸廢耕，不過幾十年光景，他的故鄉已經失去原本的面貌。

蔡建福原本是位建築師，同時也在建築系任教，做過許多大型建案。在那個年代，「都市」意味著「發展」，「鄉村」則是「蕭條、落後」的象徵，大家一窩蜂地承包都市開發案，沒有人願意從事鄉村規劃，除非，是要把鄉村改造成「進步的」都市。在這種思維下，沒有人重視鄉村的主體性，更遑論鄉村文化的保留與產業發展。

後來，他因緣際會接觸到新興的「綠建築」的觀念，又到德國參訪，也因此開始反省自己一直帶著學生們為資本家服務，大興土木並不斷破壞環境的舉動。於是他決心轉換跑道，到台灣大學農學院攻讀博士，並貢獻所學，為鄉村服務。

2002年，來到花蓮教書的蔡建福同時擔任營建署「社區規

NE STER

<南瓜田裡的南瓜與雜草共生，採收南瓜的時候必須仔細地尋找。
>小朋友們參與好事集的體驗活動，在黃豆田裡體驗除草的工作。

劃師培訓計畫」的主持人。十個月的培訓課程，讓他認識了一百多位充滿熱情活力的花蓮在地人，從此之後，他就常帶著大學生和研究生團隊到各個社區參訪，共同討論花蓮鄉村所面臨的困境與未來。

土地休耕，農村文化也迅速流失

說到鄉村的困境，問題就複雜了。蔡建福說二次大戰後，世界各國為了因應人口激增的糧食問題，發動了「綠色革命」，大量使用化學肥料和殺蟲藥劑，雖然因此刺激了農產品大量生產，卻也對土地和生態造成嚴重的傷害。

美國生態作家瑞秋．卡森（Rachel Carson）於1962年出版的《寂靜的春天》，就是一則警示的隱喻。書中描述一個美國中西部的小鎮，原本是富庶美麗、生機盎然的農村，有著多樣的飛鳥和魚類，但一場奇怪的瘟疫卻改變了這一切：首先是雞隻、牛羊群病死，接著有許多人死於不知名的疾病，而過去充滿了知更鳥鳴的清晨，現在則一點聲音都沒有，「寂靜」覆蓋著農田、森林和沼澤，宛若死亡。

《寂靜的春天》出版至今已近四十年，但仍然有超過90%的農田使用破壞健康與生態的化學藥劑，而基因改造與單一化作物的潛在風險，更是我們這一代人迫切要面對的議題。

隨著工業化的進展，農業人口流向都市，不僅使農村被邊緣化，貧窮、老化、荒蕪感、隔代教養的情況日漸嚴重，也讓農家子弟對自己的家園和產業失去信心。雪上加霜的是，台灣加入WTO後被迫購買國外農產品，政府更是積極鼓勵本土的農家休耕。

「政府表面上告訴農民，給他們一甲地幾萬元的補助，好像不需要工作就有錢拿，卻不知這是在『廢除農民的武功』。這些從小務農的農民如今不再耕種，他們開始無所事事，聚集在廟口玩牌賭博、抽菸喝酒地聊天，年幼的孩子在一旁看著、學著，使得農村文化產生極大的轉變。孩子們看到長輩們多半不在工作，僅靠微薄的收入過活；年輕女性則流向都市工作並結婚生子，不願意再回到農村，這又間接使得留在農村的年輕人到了適婚年齡，只好到東南亞娶一個太太回來……」蔡老師沉重地說。

花蓮的鄉村也面臨同樣的困境，但這幾年卻出現新的生機。因為它位於後山，開發的腳步較晚，得以保留大片潔淨的農田土地和純樸的民情人心；它的好山好水，吸引了一批批喜歡自然生活的新移民加入，注入新活力，再加上健康、養生的風潮正盛，讓無毒農業有了發展空間。

好事集小基地，傳遞守護大地的訊息

蔡建福認為，要改善鄉村的命運，最重要的還是要靠鄉村居民的力量，他的工作則是帶領學生們，不斷設計各種不同的課程與活動，串起不同的人，讓社區內的居民產生互動和共識，意識到自己的力量及改變的可能性。

當居民開始認同自己的土地、珍惜自己的產業，並且願意守護自己生長的家園，此時真正的鄉村營造才算落地生根。

在好事集裡，聚集了這樣一群願意共同守護花蓮土地的人。例如一位來自玉里赤柯山的茶農原本覺得出來擺攤、拋頭露面很丟臉，但看到蔡建福和志工們的努力後，他決定前來表示支持，結果在這裡認識了許多朋友，彼此交流不同的有機栽種方式。現在，他也會對著客人侃侃而談，甚至自豪地說他的荔枝改採自然農法後，連口味都變得不一樣，歡迎消費者品嘗。

＜因為好事集，所以創作也在這裡發生。
∨好事集不只有好菜可以買，也會有好事發生，偶爾有好書分享。

而住在富里的李素真曾是台北的上班族，也在美國待過五年，因為喜歡鄉村生活而移民花蓮，年近五十歲才創業「誠懇草堂」，自稱是「梅精婆婆」，專門製作自然農法的梅精、梅醋和梅醬。她每週六都一大早便出門，開車來到一百多公里外的花蓮市參加好事集，為的就是希望跟更多人一起認識不一樣的生活態度。

然而，花蓮的無毒農業雖已闖出名號，但未來的路還很長。

來自鳳林的南瓜，穿上鳳林媽媽手工自製的包裝。

「在西部，從事社區工作的人才很密集，在東部，這樣的專業人才卻不多，有許多部落和社區需要協助，所以我們的責任很沉重。」蔡建福最大的希望，就是培訓出一批又一批的種子進入社區參與，尋找花蓮無可取代的競爭力，並發展出兼顧環保生態與產業發展的「第三條路」。

來到花蓮將近十年，蔡建福確實看到了東部山水大地所蘊藏的美好前景。鳳林的生質能源產業，可以結合生態旅遊；玉里的中草藥種植、園藝療法和工藝資源，可以轉化為綠色療癒產業，滋養在都市壓力下受傷的人們；深具文化特色的原住民部落，可以發展樂活減碳、悠遊緩慢的深度體驗之旅；以有機農業照顧土地，以再生能源和環保實踐回應地球的氣候變遷，則是花東小農可以向全國民眾傳遞的美好價值。

而好事集，正是邁向未來前景的小小基地。如果你來到花蓮，不妨趁著週末到這裡走走，除了有吃、有玩，還有一群跟土地一起呼吸的快樂農夫願意跟你坐下來聊聊天，一起分享關於健康、信任、簡單生活、與大自然共生共存的綠色信息。

【深度解說員】

了解什麼是「農夫市集」（FARMERS' MARKET）

「農夫市集」的原名是FARMERS' MARKET，也有人翻譯成農民市場或農夫市場等。七〇年代中期之後，由於全球化的農業貿易漸漸造成環境和社會的負面衝擊，加上大型超市系統與跨國農企公司結合，獨占農產品的通路，這些現象令世界各地關心農業與環境永續發展的人士，開始憂心在地農業文化會逐漸流失，因此形成一波「新農夫市集」運動。

一般說來，農夫市集具有下列幾種特色：

1. 由農民／生產者，直接銷售給消費者，減少中盤商的居中獲利或哄抬物價。
2. 消費者直接向農民／生產者購買，並間接促成消費者與農民／生產者彼此之間的信任感。
3. 當地農產品直接銷售，確保產品的新鮮度，同時減少食物里程數。

【深度解說員】

為什麼叫「好市集」

「好事集」這個名字，是樸門讀書會的美宜班長提出的。她常說：「好人多的地方，總有好事發生」，於是就這樣想到「好事集」這個名字，大家一聽就很喜歡。

好事集的英文名字，一開始是BeGood Place，後來改為BeGood House，跟「好事」諧音。美宜班長說，日本的BeGood Café 是個很了不起的社區咖啡館，她覺得「好事集」也會是個很大的事業，希望這個願望可以在市集裡發光發熱。

合樸農民市集的口號是「好好務農、好好讀書、好好吃飯、好好生活」，也許好事集可以改為「務農好事、讀書好事、吃飯好事、生活好事」，希望這個小農市集不只是作買賣而已，而是有更多好事發生！

▼好事集部落格： http://hualienfm.blogspot.com/

▼BeGood 咖啡館：http://begoodcafe.com/main/

【實用小百科】

來逛逛全台各地的農夫市集

台北

248農學市集：週五14:00～20:00，週六10:00～17:00
台北市忠孝東路四段248巷內

簡單市集：週日14:00～20:00
台北市松勤街50號（四四南村廣場）

希望廣場農民市集：週五12:00～18:00，週六日10:00～18:00
台北市八德路一段49號（光華商場旁）

漂鳥環球市集：週日12:00~17:00
台北縣中和市中山路三段122號（環球購物中心旁民友公園）

花蓮無毒農業市集：週六日8:00～17:00
台北市興隆路一段15號 （台北花木批發市場前）

北投農民市集：地點時間不定，請參考網站公告
部落格http://www.wretch.cc/blog/farmermarket/

新竹

竹蜻蜓綠市集：每月第一個週六9:00～14:00
新竹市光復路二段101號（清大成功湖畔）

台中

合樸農學市集：每月第二個週六 9:00～14:00
台中市西屯區西平南巷6-6號（福林路底）

興大有機農夫市集：週六 8:00～12:00
中興大學惠蓀堂後方木棧道

虎腳庄農夫市集：週日8:00～12:00
台中縣外埔鄉永豐村六支巷與永眉路交叉口（水流東社區公園）

南投

竹山農夫市集：週一至週六7:00～16:00，週日7:00～12:00
南投縣竹山鎮山崇裡集山路一段2155號（竹山農會內）

苗栗

銅鑼鄉假日有機農夫市集：週日 9:00～16:00
苗栗縣銅鑼鄉苗119線27公里處，玉麟橋旁

台南

台南假日農市：每月第二、四週的六日9:00～18:00
台南市林森路一段276號（監理站旁）

成功大學有機農夫市集：週六8:00～12:30
台南市公園路與公園北路口

嘉義

嘉大有機農夫市集：週六9:00～12:00
嘉義市新民路580號（嘉義大學新民校區運動場旁）

「打手機鄒」原味市集：雙週六9:00～12:00
嘉義市忠孝路539號（阿里山無毒蔬菜市集）（嘉義基督教醫院門診藥局前）

古墟市集：每月最後一個週日10:00～16:30
嘉義市立博物館旁延伸至林務局動力室前廣場

高雄

微風市集：

據點一：週六8:00～12:00
鳳山市光復路二段120號（婦幼青少年館前庭廣場）

據點二：週日8:00～12:00
高雄市同盟二路215號（客家文化園區）

據點三：週六14:00～18:00
雄市鹽埕區公園二路11號（高雄真愛碼頭）

南區消保有機農夫市集：週日8:00～12:00
高雄市苓雅區五福一路12號（五福國中）

北區消保有機農夫市集：週六8:00～12:00
高雄市三民區十全一路202號（博愛國小）

屏東

屏東有機農夫市集：週六7:30～11:30
屏東市中華路與北平街交叉路口空地（與假日花市在一起）

宜蘭

大宅院友善市集：雙週六10:00～13:00
宜蘭縣冬山鄉永興路二段273巷1號

花蓮

花蓮好事集：週六09:00～12:30
鐵道文化園區外，舊火車站圓環附近

台東

秀明自然農法農夫市集：每月第三個週六15:00～18:00
鐵花村．慢市集擺攤

【附錄】

菜鳥學飛：
一個大三學生的認輔之路

採訪撰文◎吳明鴻

苗苗是個嬌小白淨、長髮飄逸的可愛女生，有點害羞，笑起來時會露出一側小犬齒，十分溫和善良。七年前，念東華大學諮臨系的她正值大三，受到李維倫老師「徵召」，以認輔員的身分進入南華國小。那時的她並不知道，在助人工作的養成之路上，這個任務會是多大的考驗，又是多麼重要的一段經驗。

李維倫總共「徵召」了四位同學參與服務，希望他們做到一年的承諾，每週付出一個小時，以一對一的方式陪伴四個「讓學校老師非常頭痛」的麻煩孩子。苗苗還記得，第一次擔任認輔員讓她非常緊張，但也因為被老師看重而開心。

「你們不需要刻意做什麼，只要在旁邊陪著他、看著他、觀察他，結束時跟他說：『我是你的認輔姊姊，下星期我會再來。』然後跟他約定下次的時間。這樣就好了。」

老師這番雲淡風輕的行前叮嚀，卻讓菜鳥苗苗一頭霧水。只要觀察，什麼都不要做？這是什麼意思？課本上可不是這樣寫的啊！

初次見面，孩子像蟲一樣在地上打滾

第一眼看到認輔的孩子小馨，苗苗留下十分深刻的印象。已經念到小學三年級的她，大剌剌地躺在地板上，而且全身髒兮兮的。每個小朋友都對她很不友善，會罵她、打她、嘲笑她，而她從地上爬起來後，就像飄來飄去的遊魂一般，不守規矩地跑來跑去，非常躁動。

苗苗想起老師說要「觀察孩子」，於是她不敢輕舉妄動，只是緊張而彆扭地待在角落，默默觀察著小馨。學校老師走過時，納悶地問她：「妳在做什麼？」她還神祕兮兮小聲地說：「對不起，我現在不能講話。」

沉默的觀察狀態沒有維持太久，很快就被這個麻煩的小三女生毫不客氣地戳破了。

「所謂問題兒童，就是從常規世界裡掉出來的孩子；我們的任務，就是把她帶回常規裡面。」這是苗苗當時對諮商輔導的想法，但碰到小馨卻完全行不通，從一開始，小馨就不斷挑戰這個想法，做出各種瘋狂、踰越或惱人的舉動來試探她的底線。

有一次，小馨把美勞作品拿給苗苗看，苗苗笑著讚美說：「做得好棒喔！」小馨卻當場把作品撕爛，然後直直地望著苗苗，看她如何反應，這讓苗苗完全傻眼。

小馨很喜歡翻看苗苗的背包，很珍惜自己東西的苗苗一再告訴她：「ㄟ，不可以喔！這是我的東西。」但越是這樣說，小馨越故意要亂翻亂摸，苗苗新買的一支手機就這樣被她翻出來並胡亂拆解，三兩下就弄壞報廢了。

小馨也是一隻易怒的小獸，很討厭別人指使她。有一次，她倆一起待在陶藝教室，苗苗鼓勵小馨捏陶，但她不高興地隨手一丟，桌上的陶刀就往苗苗飛過來，還好沒有射到，但已經把苗苗嚇出一身冷汗。

慢慢地，一到每週要出發前往南華國小的前一、兩個小時，焦慮感與緊張感就會悄悄地從苗苗的背脊緩緩爬升，籠罩著全身細胞，直到認輔工作結束，才有辦法放鬆。這也讓苗苗養成一個習慣，在出門前會仔細檢查背包裡的東西，把珍貴的3C產品或飾品拿出來，避免不必要的困擾。

一個毀壞關係的孩子，其實是在渴求愛

苗苗從沒碰過像小馨這樣頑劣的孩子，每次認輔活動結束，她都被氣得半死，但李維倫告訴她：「不要去糾正孩子，除非有安全上的問題。矯正孩子並不是我們的工作。」這個指示讓苗苗很難受，不去矯正她、改變她，難道要讚美她？或假裝沒看到？

年輕的苗苗，完全無法體會老師話語背後的含義。

「她隨時都髒兮兮的，全校所有人都可以欺負她，因為她完全不反擊。你從後面踹她一腳，她跌倒了，馬上爬起來，拍拍褲子，繼續往前走，絕不會回頭看看是誰踹她。」

導師後來才慢慢告訴苗苗，關於小馨的故事：她曾經被哥哥性侵害，是學校輔導室重點關懷的「高風險個案」；哥哥是家裡唯一的男生，非常受寵，性侵害事件發生後，媽媽一味袒護哥哥，爸爸則因為工作的關係經常不在家。

這些悲慘的情節，深深震撼了苗苗。她憐憫小馨，但每次跟小馨相處時還是非常痛苦，讓人氣到牙癢癢，滿肚子怒氣。

有一次，小馨在地上抓到一隻蜥蜴，還抓著蜥蜴的尾巴一直甩。苗苗很害怕各種爬蟲類動物，但努力地裝出鎮定的表情，因為她很了解小馨，只要露出害怕的樣子，等一下那隻蜥蜴就會飛到自己臉上。她雖然故作不在乎，但眼尖而敏銳的孩子還是看出她的臉色發白了，小馨故意抓起蜥蜴戲弄她，一看到苗苗緊張地尖叫，她就洋洋得意。

苗苗的情緒滿到了臨界點，幾乎要崩潰。當她哭喪著臉，委屈又憤怒地提出這份認輔日誌報告，李維倫卻反問她：「妳有沒有發現，小馨一方面很喜歡妳來，一方面又一直在破壞這段關係。她為什麼要這樣做？」

苗苗愣了一下，她從沒想過這件事。李維倫繼續舉例說：「這就像有時候女生很喜歡測試男生：『如果你愛我的話，就要怎樣怎樣……，就算我拒絕你，你還是要繼續努力。』為什麼要測試？因為她不相信。一方面，我希望你愛我，另一方面，我又不相信你會愛我，因為從出生到現在，周遭從沒有人真正愛過我。所以她要反覆測試：『我如果這樣子，你還會對我好嗎？我如果那樣子，你還是會繼續對我好嗎？』」

原來，那些挑釁和踰矩行為的背後，可能是深深的不安全感和不信任感：「妳說要每週來陪我，是真的嗎？如果我這樣又那樣，如果我不乖、不聰明、脾氣壞、又一直惹火妳，妳說的話還算數嗎？妳還會繼續關心我嗎？……」這個孩子喜歡大姊姊來，卻用反面測試的方式激怒對方，背後其實潛藏著「我不相信人家會對我好」、「我不值得人家對我好」的絕望。

所以，小馨對其他人的欺負從不反擊，卻唯獨在苗苗面前會展現出凶狠、耍壞的樣子，其實這是種絕望與期待混合的複雜情緒。在這次的督導討論中，苗苗對這個讓她害怕的難搞孩子，突然有了一層新的看見。

如果妳沒來，我會更可憐

想起來，當時的苗苗也真是有韌性。這個認輔工作如此困難，舉步維艱，每次都像抱著一顆不定時炸彈，不知道什麼時刻會突然爆炸，但在這種壓力下，苗苗卻從未想過要中輟，只覺得既然答應老師了，就要堅持下去。

所以，每個星期四下午一點，苗苗都會準時出現，然後跟小馨一起去陶藝教室，隨興做一些靜態的活動，例如捏捏黏土、畫畫、玩牌等。半個小時後，小馨可以玩她想要玩的動態活動，像是在操場、沙坑或樹叢邊跑來跑去。

有天，小馨蹲在沙坑裡玩沙，苗苗則無精打采地靜靜看著她玩。突然間，小馨拍拍手中的沙粒，轉過身來：「欸！妳知道妳沒有來的話，我會怎樣嗎？」

這個突如其來的問題讓苗苗不知如何回應，只能聳聳肩說：「我不知道。」沒想到小馨低聲說了一句：「妳沒有來，我會更可憐。」

苗苗乍聽之下有些驚訝，不知道這話是什麼意思，而小馨卻一溜煙地起身跑走了。

後來，「妳沒有來，我會更可憐」這句話，在下週的督導會議上被認真討論著。李維倫要大家注意「更可憐」的「更」字，並且提醒苗苗：「妳可能還沒意識到妳面對的是怎樣的一個小孩，妳以為在妳面前的，是一個愛惹麻煩、討厭妳的小孩，但其實很可能不是這樣……」

苗苗琢磨半天，好像有點明白小馨的意思，自己的出現「讓她感覺不再那麼可憐」，終於有個人願意一直跟她在一起，沒有對她吼叫，沒有欺負她、教訓她、忽視她、排斥她或想要改變她。小馨的意思好像是，她很珍惜這份陪伴。

但這些善意出現的非常短暫，往後碰面時，小馨依然故我，還是常常把苗苗惹火，讓苗苗一再陷入無力感的循環中。苗苗只能很混亂地待在現場，做到基本的承諾，也就是每週準時出現，一起相處一個小時；苗苗甚至自暴自棄地想，這簡直就是完全癱瘓行為、思考和判斷能力的一個小時啊！

被囚禁的小獸，哭喊著想要回家

苗苗的認輔工作持續了一年。原本苗苗對小馨許下承諾，下學期她還會再來，沒想到就在苗苗要升大四的開學前夕，李維倫接到學校導師的消息，說小馨被社工機構安置了，因為她又再次受到性侵害。

李維倫聽到消息，馬上建議苗苗去探望小馨，因為從事件發生到安置的這串混亂過程中，十歲的小馨一定很驚慌，很需要看到熟悉的人才能幫助她穩定情緒。

才隔一個暑假，兩人再次見面時卻不是在生氣蓬勃的校園，而是陌生的會客室。小馨的情緒看起來很糟糕，一直哭著想要回家，讓苗苗覺得很不忍，因為做錯事的又不是她，她卻被迫離開自己熟悉的家，跟一群陌生人在一起。她才十歲，是全機構裡年紀最小的，瘦小的身軀看起來既孤單又無助。

然而苗苗也愛莫能助，唯一能做的，就是把認輔陪伴的現場轉移到這裡，定期來看她。有一次，苗苗還目睹了「小馨想逃跑、眾人齊擒拿」的混亂場面，小馨宛若一隻受傷的小獸，不斷奮力掙扎地大喊：「我要回家！放開我，我要回家！」

機構人員一面制服她，一面努力安撫：「妳家裡太危險，在這裡才安全，我們是要幫助妳，妳可以把大家當成爸爸媽媽……」

但這句話讓小馨更加抓狂，憤怒地大叫：「你們才不是我的爸爸媽媽！你們走開，我不要住在這裡！」小馨歇斯底里的憤怒哭喊聲，在整個空間裡不停地迴盪。

苗苗含淚站在一旁地靜靜等待，堅持要進行認輔。小馨走進會客室後便開始摔東西、把桌子翻倒、把窗簾扯下來、把所有東西往牆壁上砸，房間裡立刻一片狼藉。她也不管會不會砸到苗苗，只是狂亂地發洩怒氣，停不下來。

苗苗心裡並非不害怕，但她沒有逃走，只是如往常一般告訴自己要撐下去：「起碼要有一個人，不會被她的憤怒嚇跑。」小馨氣到全身發抖，一直咆哮著要苗苗出去，最後，苗苗只好走出會客室，待在門口守候，一直待到認輔時間結束才離開。

單純的大學生遇見複雜的小孩

從小學校園到安置機構，苗苗跟小馨的認輔關係持續一年多，但苗苗實在無法確定，自己對小馨到底有沒有幫助，她只是一次又一次地出現，如此而已。一直到大四下學期，認輔的最後半年，苗苗才發現兩個人的關係輕鬆了一些。

一個小小的事件讓苗苗發現，改變的其實是自己。有次在會客室裡，小馨說她想要剪紙，但這裡禁止使用剪刀，若是以前，苗苗會一板一眼地說：「不行，機構裡規定不能用剪刀。」可是這次，她突然轉念，站起來說：「我們去借借看。」接著便帶小馨一起去找輔導員。

借到剪刀後，小馨露出開心的表情，好像苗苗跟她同一陣線。從那時候開始，苗苗發現自己變得比較有彈性、比較柔軟，而小馨也比較信任她了。

小馨表達信任的方式，就是不再好強、掩飾，而是赤裸裸流露出傷心的樣子、毫不掩飾的沮喪和無力感，這讓苗苗感受到難以承受的重擔。有一次，小馨站在窗邊，忽然轉頭對苗苗說：「我想要跳下去。」那個動作相當危險，讓苗苗捏了一把冷汗。

或許，小馨只是想引起她的注意，想知道到底有沒有人在乎她，如同往常一般的試探她，但那個當下卻必須謹慎處理。苗苗已經練就出面臨任何驚慌都不形於色的功力，她鎮定地說：「妳不能這樣做，妳先進來。」然而如同以往，她覺得自己的回應很遲鈍，而小馨又再次把她的驚慌看在眼裡。

一次又一次，苗苗來到小馨身邊，目睹她小小年紀卻承受著重大苦楚，而小馨所承受的一切，都無形中化成了對苗苗的種種訓練，例如有次更大的衝擊，起源於苗苗帶CD去給小馨聽。當她按下PLAY鍵，熱情的音樂響起時，小馨竟開始像跳鋼管舞那樣，圍繞著、摟抱著苗苗跳舞，她那尚未發育的瘦小身軀婀娜多姿地扭動搖擺著，眼神卻彷彿是個經驗老到的豔舞舞者。

苗苗再次被眼前這個小女孩嚇呆了，她腦子裡一片混亂，一下子想到小馨曾經被性侵害；一下子閃過教科書中關於性侵受害者可能產生的性喚起（sexual arousal）反應，也就是會大方地把性慾表露出來；一下子又想到她說長大後要當檳榔西施……

單純又保守的苗苗，面對著這個複雜的十歲女孩，完全不知道該如何反應，只能再度使出唯一招數：以不變應萬變，保持鎮靜，不要驚慌！沒想到，小馨居然把臉頰貼了上來，做出又親又舔的性感動作，讓苗苗更加無所適從，只能僵直站著，直到音樂終了。

兩年的辛苦歷練，化為日後的養分

驪歌響起，苗苗即將大學畢業，長達兩年的認輔工作也即將結束。

兩人最後一次的相見，同樣是在會客室裡一起畫畫，沒有特別說什麼，就這樣結束了。「我還記得，她拿起一張畫，說了一聲Bye bye，就站起來走出去了。」苗苗說，感覺很平淡，好像有什麼事情就這樣懸缺了。或許，在這份懸缺中，包覆的是兩雙不知道如何道別的目光。

七年後的今天，苗苗已經從研究所畢業，並考取執照，正式成為一位執業的臨床心理師。回顧這一段助人工作的啟蒙歷程，她感慨地說：「兩年的認輔時光，我真的不確定我能帶給小馨什麼，可是，我很確定小馨帶給我什麼。」她很感謝小馨教她很多東西，打開她的視野，也讓她明白，原來，真正困難的不是面對麻煩的小馨，而是要如何處理「與小馨在一起時的那個慌張失措、困惑又無奈的自己」。

而在這兩年之間，苗苗所承受的混亂、憤怒、困擾與自我質疑，身為督導者的李維倫都看在眼裡。李維倫說，這的確難為了一個大三學生，但也十分肯定，這段旅程絕對對苗苗成為一個優秀的助人工作者大有幫助。

「我認識很多心理師，也做過很多督導，但苗苗這兩年的經驗比許多專業人士還要深刻和豐富。」李維倫認為這批認輔員展現了可貴的恆心：「他們願意聽老師的話，堅持一整年，這顯現出一種質樸的態度，因為願意待下來、等待著，就是給自己機會，也給孩子機會。」許多變化就在這份堅持和等待中，悄悄發生。

多年後，東華大學諮臨系舉辦了「南華認輔回娘家」活動，邀請歷屆的認輔員和小朋友一起回到南華國小見面。苗苗和小馨都出席了，相隔五年，小馨已經上國中，還變得高高胖胖的，苗苗差一點認不出來。

兩人一起坐在校園裡盪鞦韆，安靜地吹風，跟以前一樣。此時，小馨早已離開機構回家，而哥哥也從少年輔育院出來了。苗苗突然想起一件往事：以前，她曾經問小馨：「妳長大之後想要做什麼？」小馨說：「當檳榔西施。」因為每天都可以穿得很漂亮。

過了五年，苗苗又問她同樣問題，這次，小馨說她要當美髮師，因為「幫別人弄頭髮，弄得很漂亮，我會很開心。」

以前的苗苗，完全不能理解一個小女孩的志願居然是當檳榔西施，但現在的她已經不會再輕易批判任何事，只是笑笑地跟小馨說：「耶！志願不一樣了，有進步喔！」

沒想到，小馨又隨手翻起苗苗的包包，還打開她的錢包。苗苗看著比自己還高的小馨，那份熟悉的緊張感和生氣情緒又從背脊升了上來。或許，這正是助人工作者的宿命：一次次面對現場的突發狀況與挑戰，不斷思考如何應對，並在微妙的界線與權力拉鋸中，與案主一起面對彼此身上的陰影和鬼魅，不屈不撓地奮戰，永遠難以停歇。

苗苗知道，自己是有一點進步了，但未來的成長之路還很漫長。她這隻幸運的菜鳥，將會帶著老師的叮嚀、小馨的回憶，以及自己逐漸淬鍊出來的勇氣，努力展翅，飛向助人療癒的晴空。

醫院裡的危機時刻

【醫療與倫理的對話】

本書訴說六個醫療倫理的處境，在後現代的醫療倫理中，討論的不單是醫病關係的權力黑洞，更根本的是，我們要如何以更謙卑的態度來面對患者的世界。

李察．詹納⊙著，蔡錚雲、龔卓軍⊙譯
CA022/288頁/定價300

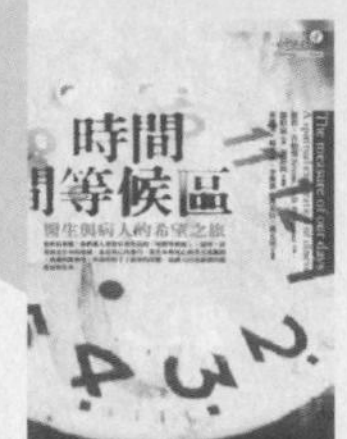

時間等候區

【醫生與病人的希望之旅】

★行政院衛生署國民健康局「2004健康好書」癌症防治類首獎！
★「紐約時報書評」讚譽為一傑作！

本書藉由六個故事訴說醫療倫理的處境，這些故事充滿生與死、苦與樂，幫助我們思考生命的強韌與無常。

傑若．古柏曼⊙著，鄧伯宸⊙譯，謝思民⊙審閱
CA023/320頁/定價320

我買了一座教堂

★自由時報、中國時報、聯合報、金石堂書店每週強力推薦、金石堂書店非文學類書榜Top200、誠品好讀、博客來書店編輯選書及主題推薦

黛薇拉．高爾⊙著，許碧惠⊙譯
CA024/256頁/定價280

舞孃變醫生

★金石堂書店強力推薦
★和信治癌中心醫院醫學教育講座教授賴其萬強力推薦

從性工作者到成為一位醫生，真人真事現身說法的勵志好書，看作者強韌的生命力，能為自己的人生重新燃起勇氣和熱力。

羅倫．洛希⊙著，詹碧雲⊙譯
CA025/280頁/定價280

空間就是性別

★博客來網路書店『知性人文類』圖書年度暢銷100
★自由時報副刊週末選書、聯合報讀書人新書上架
★張小虹、蘇芊玲、夏鑄九、二哥（賴杞豐）聯合推薦！

畢恆達⊙著　CA026/272頁/定價260

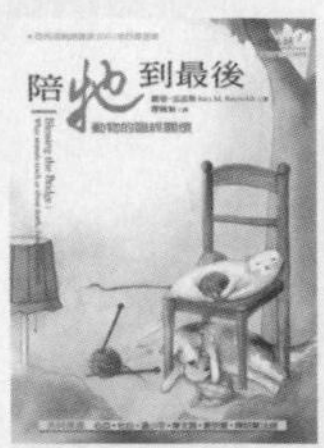

陪牠到最後

【動物的臨終關懷】

★亞馬遜網站2001年度好書選讀
★金石堂書店每週強力推薦、博客來網路書店編輯選書
★中國時報浮世繪書摘、文化藝術版書介、聯合報讀書人每週書評

麗塔．雷諾斯⊙著，廖婉如⊙譯
CA027/232頁/定價260元

活著，為了什麼？

★中國時報開卷版、聯合報讀書人、中央日報副刊、中時晚報書介

幸福的秘密不在物質或精神之中，唯有愛的行動，生命才能完整展現。

以馬內利修女⊙著，華宇⊙譯
CA028/208頁/定價220

瓦礫中的小樹之歌

【921失依孩子的故事】

★中國時報開卷版、聯合報讀書人、各大電視電台媒體921六週年紀念特別報導！

本書是兒福聯盟社工群透過定期訪視，陪伴134位地震後失依孩子們成長的珍貴記錄。

兒福聯盟基金會、陳斐翡⊙編著
安泰人壽⊙贊助　CA029/240頁/定價250

野蠻的上帝

【自殺的人文研究】

★2005年12月誠品選書、中國時報開卷版、自由時報副刊推介
★王浩威、南方朔、胡忠信、吳佳璇、張曼娟、許悔之、楊照、羅智成口碑推薦！

跨越三千年的自殺與文學的研究，自殺研究中的經典之作！

艾爾．艾佛瑞茲⊙著，王慶蘋、華宇⊙譯
馬健君⊙審閱　CA030/368頁/定價380

親愛的，怎麼說你才懂

★行政院衛生署國民健康局「2007健康好書．閱讀健康」婦女健康類推介獎
★愛情大師孫中興（台大社會系教授）熱情推薦！中國時報開卷周報、大紀元時報書摘

瑪麗安．雷嘉多博士、蘿拉．塔克⊙著
魯宓⊙譯　CA031/322頁/定價260

慢飛天使

【我和舒安的20年早療歲月】

★第十三屆「全國十大傑出愛心媽媽」
★中國時報、康健雜誌、自由時報、聯合報、公視、台視、大愛等媒體報導

關於生命韌性和奇蹟的故事，林美瑗一家人癡心守護無法飛翔的天使！

林美瑗⊙著　CA032/224頁/定價260

今天不寫病歷

【一位精神科醫師的人文情懷】

★中國時報、聯合報、蘋果日報人物報導，中時開卷周報書評、聯合報讀書
★人專題報導及書評、壹週刊人物專訪

睡眠醫學權威李宇宙醫師多年筆耕精華，醫學人文課程的最佳教材。

李宇宙⊙著　CA033/288頁/定價280

漫步在海邊

★榮獲「2007 健康好書．閱讀健康」婦女健康類推介獎

作者以深情的筆觸記錄與心靈導師瓊·艾瑞克森間的友誼，坦率而感性地道出中年女性的困境和希望！

瓊·安德森⊙著，譚家瑜⊙譯
CA034/240頁/定價260

肯納園

【一個愛與夢想的故事】

★2007年中小學生優良課外讀物、中國時報開卷版2006年度好書
★各大媒體、網友部落格口碑推薦！

四個平凡的媽媽以不捨的親情和無邊的牽掛，攜手打造出全世界首座成年肯納兒的理想家園。

財團法人肯納自閉症基金會、瞿欣⊙著
彭玉燕⊙贊助 CA035/288頁/定價280

我的退休進行式

★蘇有朋真心推薦
★中廣、飛碟、正聲廣播、教育電台等媒體專訪報導

五十歲的謝芬蘭從建國中學輔導室瀟灑退休，亦詼亦諧與你分享她豐富的退休生涯…。

謝芬蘭⊙著 CA036/224頁/定價250

馴夫講座

【幸福婚姻的七堂課】

★榮獲行政院衛生署國民健康局「2007健康好書．閱讀健康」婦女健康類推介獎

作者結合了知見心理學、豐富的婚姻諮商經驗及親身的心路歷程，教妳如何溫柔地馴服伴侶，擁有幸福的婚姻。

栗原弘美⊙著，趙怡、楊奕屏⊙譯
楊承淑⊙審閱 CA037/224頁/定價250

幸福，從心開始

【活出夢想的十大指南】

★「2007健康好書．閱讀健康」心理健康類推介獎、2007年中小學生優良課外讀物

本書傳授實現願景的十大指南，幫助你勇敢活出夢想、覓得富足的幸福！

栗原弘美、栗原英彰⊙著，詹慕如⊙譯
CA038/224頁/定價250

我埋在土裡的種子

【一位教師的深情記事】

★News98張大春、正聲廣播電台、中廣、飛碟電台專訪報導、大紀元時報書評與書摘、「禪天下」雜誌人物專訪

中學老師林翠華以詩歌、文學、繪畫…，澆灌山海孩子的心靈。

林翠華⊙著 CA039/320頁/定價350

動物生死書（修訂版）

★2007年中小學人文類優良課外讀物！

知名的「寵物教主」杜白醫師，與您分享幫助伴同動物善終的技巧，幫助人們穿越生老病死苦的迷障！

杜白⊙著 CA040/256頁/定價260

山海日記

★廣播主持人余美人、侯昌明、傅娟等專訪推介

本書記錄了畢業於台大心理系、服替代役的黃憲宇與山海部落孩子們的互動點滴及溫柔心情。

黃憲宇⊙著 CA041/288頁/定價260

微笑，跟世界說再見

★2007年中小學人文類優良課外讀物！

本書充滿真誠的情感、溫暖的筆觸，很快登上美國暢銷書榜，賴其萬教授亦立刻寫專文推介！彼得·巴頓的故事讓我們看見：生命如此美好，死亡也不可懼，悲傷原本就是愛的一部份。

彼得·巴頓、羅倫斯·山姆斯⊙著
詹碧雲⊙譯 CA042/256頁/定價260

遇見100%的愛

★美國2006年度「促進更美好人生之書」及「最佳佛教作品」獎

作者是整合東方靈修傳統與西方心理治療的美國資深心理治療師，也是超個人心理學的前驅，他認為，愛的療癒是一種靈性工作，本書將帶您進入靈性閃亮的愛之旅。

約翰·威爾伍德⊙著，雷叔雲⊙譯
CA043/256頁/定價280

浴火鳳凰

【釋放憂鬱的靈魂】

本書是第一屆「浴火重生」另類文學獎的七篇佳作，更是七個飽受憂鬱症所苦，歷經生死交關，奮力戰勝憂鬱、找回力量的生命故事。

子雲等人⊙合著，文榮光、莊桂香⊙主編
CA044/256頁/定價280

時間的影子

★聯合報讀書人書評、警廣、中央電台專訪

60張畫作、12段故事，從藝術作品逃逸的人物，在不同的城市與荒原，帶您回到那曾被遺忘，卻非常重要的時光…。

盛正德⊙著 CA045/184頁/定價260

國家圖書館出版品預行編目（CIP）資料

教育小革命：大學生的十堂社會參與課
／東華大學教學卓越中心社會參與教師社群編著.
-- 初版. -- 臺北市：心靈工坊文化, 2012.03
面； 公分.--（Living ; 020）
ISBN 978-986-6112-27-0（平裝）
1.高等教育 2.課程 3.社會參與
525.3 100023775

教育小革命
大學生的十堂社會參與課

策劃—顧瑜君、林意雪
編著—東華大學教學卓越中心社會參與教師社群
出版者—心靈工坊文化事業股份有限公司
發行人—王浩威 諮詢顧問召集人—余德慧
總編輯—王桂花
執行編輯—林依秀
美術編輯、封面設計—黃玉敏
通訊地址—10684 台北市大安區信義路四段53巷8號2樓
郵政劃撥—19546215
戶名—心靈工坊文化事業股份有限公司
電話—02）2702-9186
傳真—02）2702-9286
Email—service@psygarden.com.tw
網址—www.psygarden.com.tw

製版・印刷—中茂分色製版印刷事業股份有限公司
總經銷—大和書報圖書股份有限公司
電話—02）8990-2588
傳真—02）2990-1658
通訊地址—248 台北縣五股工業區五工五路二號
初版一刷—2012年3月 ISBN—978-986-6112-27-0 定價—250元
初版二刷—2012年3月

心靈工坊 PsyGarden **書香家族 讀友卡**

感謝您購買心靈工坊的叢書，為了加強對您的服務，請您詳填本卡，
直接投入郵筒（免貼郵票）或傳真，我們會珍視您的意見，
並提供您最新的活動訊息，共同以書會友，追求身心靈的創意與成長。

書系編號—LV 20　書名—教育小革命：大學生的十堂社會參與課

姓名　　是否已加入書香家族？□是　□現在加入

電話（O）　（H）　手機

E-mail　生日　年　月　日

地址 □□□

服務機構（就讀學校）　職稱（系所）

您的性別—□1.女　□2.男　□3.其他

婚姻狀況—□1.未婚□2.已婚□3.離婚□4.不婚□5.同志□6.喪偶□7.分居

請問您如何得知這本書？

□1.書店　□2.報章雜誌　□3.廣播電視　□4.親友推介　□5.心靈工坊書訊
□6.廣告DM　□7.心靈工坊網站　□8.其他網路媒體　□9.其他

您購買本書的方式？

□1.書店　□2.劃撥郵購　□3.團體訂購　□4.網路訂購　□5.其他

您對本書的意見？

封面設計	□1.須再改進	□2.尚可	□3.滿意	□4.非常滿意
版面編排	□1.須再改進	□2.尚可	□3.滿意	□4.非常滿意
內容	□1.須再改進	□2.尚可	□3.滿意	□4.非常滿意
文筆／翻譯	□1.須再改進	□2.尚可	□3.滿意	□4.非常滿意
價格	□1.須再改進	□2.尚可	□3.滿意	□4.非常滿意

您對我們有何建議？

▲您的意見，我們將轉貼在心靈工坊網站上，www.psygarden.com.tw

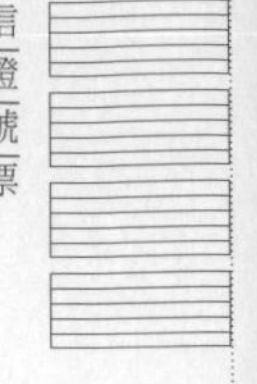

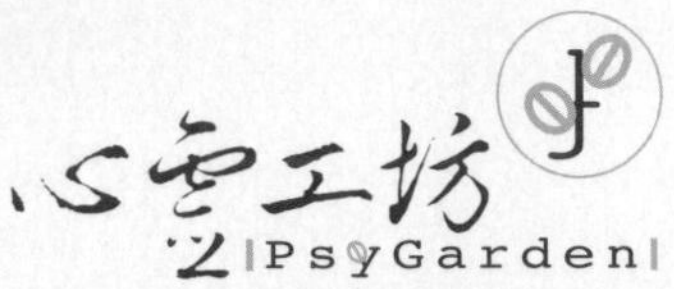

10684 台北市信義路四段53巷8號2樓

讀者服務組 收

免 貼 郵 票

（對折線）

加入心靈工坊書香家族會員

共享知識的盛宴，成長的喜悅

請寄回這張回函卡（免貼郵票），

您就成為心靈工坊的書香家族會員，您將可以──

隨時收到新書出版和活動訊息

獲得各項回饋和優惠方案